The Traditional
Europian Needlework

はじめての白糸刺繍

ホワイトワークで
つむぐ
くらしの小物

笑う刺繍 中野聖子

日本文芸社

CONTENTS

STRAW HAT
アン —— 4,74

GARLAND
ヘスター —— 5,76

EARRING & BROOCH
ジョージアナ —— 6,78

COOGEE
イザベラ —— 8,80

WALL CLOCK
キャサリン —— 9,79

PARASOL
エリザベス —— 10,82

WALL DECORATION
エウリディーチェ —— 12,84

EYE PILLOW
シェヘラザード —— 14,83

SHOES KEEPER
ジジ —— 15,86

INITIAL HANDKERCHIEF
ルイーズ —— 16,87

BOOKMARK
ハリエット —— 18,88

PORCH
ケイティ —— 19,90

CARDIGAN
クリステル —— 20,89

TOPS
セシル —— 21,89

SACHET
エミリー …… 22,92

TOOLS CASE & PINCUSHION
シャーロット …… 23,94

SHIRT
グレートヒェン …… 24,94

ROSETTE
ジェーン …… 25,93

用意するもの …… 26
刺繍を始める前に …… 27

ホワイトワーク 基本テクニック
　　シュバルム …… 28
　　ドロンワーク …… 36
　　ハーダンガー …… 46
　　ヒーダボー …… 56
　　アジュール …… 68

この本で使うフリーステッチ …… 73

STRAW HAT
アン
〈使う技法〉ハーダンガー(p.46)

ハーダンガーの模様を施したリボンが爽やかな装いのストローハット。大小互い違いの模様を正面に施しました。リボンの端はハーダンガー特有の階段状の模様でアクセントを。

HOW TO MAKE p.74

GARLAND
ヘスター

〈使う技法〉ドロンワーク(p.36)、
フリーステッチ(p.73)

ドロンワークを施したリネンを、フラッグにカットしてガーランドに。模様の数、向きに変化をつけるだけで、同じステッチでもリズム感が生まれます。

How to Make p.76

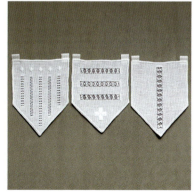

EARRING & BROOCH
ジョージアナ

〈使う技法〉ハーダンガー（p.46）、ヒーダボー（p.56）、フリーステッチ（p.73）

ヒーダボーリング（p.61）と呼ばれるリングの刺繍を主役にしたイヤリングとブローチ。ブローチの先にはハーダンガーの模様を施したエンブレム風のモチーフで、マニッシュな雰囲気をのぞかせて。

HOW TO MAKE p.78

COOGEE
イザベラ

〈使う技法〉アジュール (p.68)、フリーステッチ (p.73)

モチーフにワニとカメレオンをセレクトしたクージー。質感をアジュールのスクエアステッチ (p.72) で表現しました。繊細な白糸刺繍の世界観にモードなスパイスを。

HOW TO MAKE p.80

WALL CLOCK
キャサリン

⟨使う技法⟩シュバルム（p.28）、ハーダンガー（p.46）、
フリーステッチ（p.73）

数字の12、9、5、2はシュバルム刺繍で透け感
を、7はハーダンガー刺繍で表現しました。2と
11は白鳥と羽根をモチーフにしてオリジナリティ
をプラス。

How to Make p.79

PARASOL
エリザベス

〈使う技法〉ヒーダボー(p.56)

リネンの日傘にヒーダボーの模様をかがってリメイク。コロンと愛らしい6種類の模様がリズミカルに踊ります。模様の並びや丸くカットする輪かくのサイズで変化をつけて。

How to Make p.82

WALL DECORATION
エウリディーチェ

〈使う技法〉シュバルム (p.28)、アジュール (p.68)、
フリーステッチ (p.73)

刺繡枠をそのままフレームとして壁飾りに。図案の輪かくに沿うようにステッチをしてから、内側をシュバルムとアジュール、フリーステッチで仕上げました。白糸のなかのラメ糸がポイント。

HOW TO MAKE p.84

EYE PILLOW
シェヘラザード
〈使う技法〉ドロンワーク（p.36）

ドロンワークを斜めに施しただけ。連続的な模様にすることで、シンプルかつ洗練されたデザインのアイピローに。アクセントとして白のタッセルをつけて。

How to Make p.83

SHOES KEEPER
ジジ

〈使う技法〉ヒーダボー（p.56）

ガーリーなデザインのシューズキーパー。ふちかがりにはヒーダボーのボタンホールステッチを、中央にはオープンワークをワンポイントで施しました。上はリボンで結ぶだけ。

How to Make p.86

〈使う技法〉フリーステッチ (p.73)

いろんなフリーステッチを組み合わせ、アルファベットを刺しました。ほかの白糸刺繍の技法で刺したモチーフと組み合わせて、オリジナルのイニシャルを施したハンカチをデザインしてみては。

HOW TO MAKE p.87

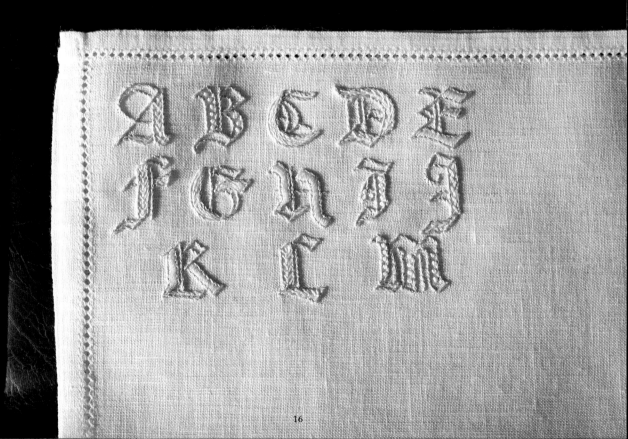

NOPQR
STUVW
XYZ

BOOKMARKS
ハリエット

〈使う技法〉ハーダンガー(p.46)

ハーダンガーの幾何学的な模様で作った
ブックマーカー。織り糸を抜いたところの
ステッチを少しかえるだけで表情が変化
します。

HOW TO MAKE p.88

BAG
ケイティ

〈使う技法〉シュバルム(p.28)、ドロンワーク(p.36)、
ヒーダボー(p.56)、フリーステッチ(p.73)

サイズの異なるトラベルポーチのセット。大は中央にシュバルムで下着のモチーフを、中はドロンワークとボタンホールステッチのあしらいを、小はふちにヒーダボーのボタンホールスカラップ（p.59）を施しました。

How to Make p.90

CARDIGAN
クリステル

〈使う技法〉フリーステッチ (p.73)

大小異なるサイズのドットをちりばめて。スミルナステッチを毛糸で刺すことで、モチーフに立体感をプラスしました。いろんな糸で白の世界を表現して。

How to Make p.89

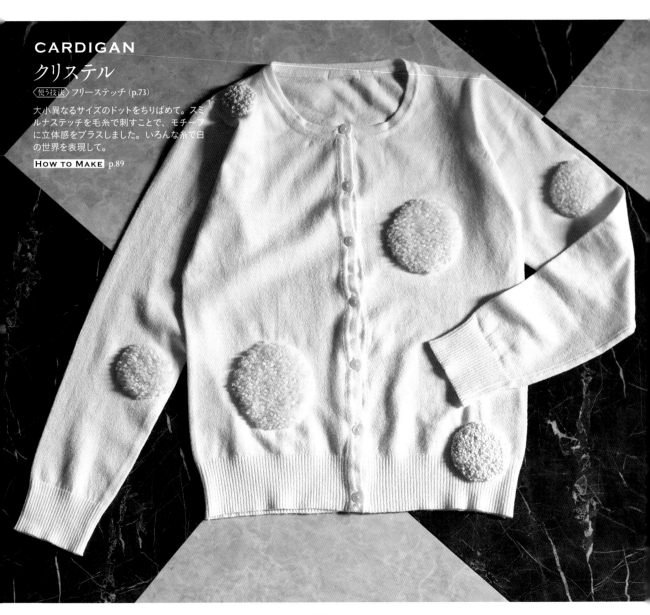

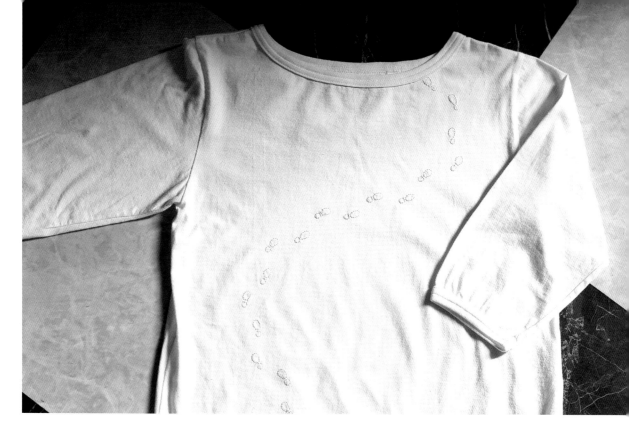

TOPS
セシル

〈使う技法〉フリーステッチ (p.73)

誰かが散歩をしているような足あとをカットソーに。前面ではてくてくと上に向かってのびる足あと。背面ではぷかぷかと浮かぶ雲と遭遇し、空中散歩をしています。

HOW TO MAKE p.89

SACHET
エミリー

〈使う技法〉シュバルム (p.28)

透けるドットはシュバルムで刺したもの。
甘くなりすぎずモードな雰囲気に仕上げ
たクローゼットサシェ。市販品を入れる
こともできます。

HOW TO MAKE p.92

TOOLS CASE & PINCUSHION
シャーロット
〈使う技法〉ヒーダボー（p.56）

ヒーダボーのボタンホールスカラップ（p.59）とオープンワークの模様をおそろいであしらった、ツールケースとピンクッション。同じ模様でもどこに配置するかで印象がかわります。

How to Make p.94

SHIRT
グレートヒェン

〈使う技法〉ヒーダボー（p.56）、フリーステッチ（p.73）

えりのふちにヒーダボーのボタンホールスカラップ
（p.59）を施して、可憐なブラウスをさらにかわいく。
ボタニカルのモチーフは立体感の出るボタンホールス
テッチやフレンチ・ノットステッチでアクセントをつけて。

HOW TO MAKE p.94

ROSETTE
ジェーン
〈使う技法〉アジュール(p.68)

中央のくるみボタン部分にアジュールの模様をかがり、透け感を出したロゼット。白糸刺繡らしいシンプルな模様をベルベットのリボンが引き立たせます。

HOW TO MAKE p.93

用意するもの

A. 刺繍枠
厚手の生地以外は刺繍枠に張って刺します。枠に張るときは縦横の布目に気をつけて、斜めに伸ばさないようにします。

B. ヒーダボースティック
ヒーダボー（p.56）で、ヒーダボーリング（p.61）と呼ばれる輪状のかがりかたをする際に、芯となる糸を巻くのに使います。

C. リネン
平織のリネンが一般的。縦横の布目がそろっていて、織りむらのないものが○。シュバルム、ドロンワークは布目を数えながら刺すので、1㎝に10〜12目くらいの布がおすすめ。アジュールは織り糸を抜かずに引き締めるので、10目か11目くらいの布が向いています。ヒーダボーは布目を数えずに刺すので、目の詰まった布が刺しやすく、美しく仕上がります。

D. セロハン・チャコペーパー　チャコペン・トレーサー
図案を写すのに使います。

E. 糸切りばさみ
布の織り糸や刺繍糸を切るのに使います。

F. 裁ちばさみ
刺繍する布を切るのに使います。

G. 刺繍糸
白糸刺繍では基本的にアブローダーという、甘撚りの糸を使います。16番、20番、25番、30番があり、数字が大きいほど細くなります。

H. ミシン糸
ハーダンガー（p.46）で、刺繍をする前のしつけ用の糸として使います。

I. 刺繍針
先のとがった針と先の丸い針の2種類を使います。フリーステッチを刺すときは先のとがった針を、布目を数えて刺すときは布目を割らないように先の丸い針を使います。

刺繍を始める前に

〈図案の写しかた〉

布、チャコペーパー、図案を写した紙、セロハンの順に重ね、トレーサー（インクの出ないボールペンなどでもOK）で図案の線をなぞって写します。線が薄い部分はチャコペンで描き足します。

〈刺繍糸の扱いかた〉

アブローダー

糸端を束から60〜70cm引き出してカットして、そのまま使います。

25番刺繍糸

6本の細い糸がゆるく撚りあわされているので、1本ずつ引き抜いて使います。作りかたにある「○本どり」という表記は、何本引きそろえて使うかを表しています。

〈図案の刺し始めと刺し終わり〉

刺し始め

図案の輪かくの中を刺すときは、布を裏返した状態からスタートします。玉どめはせず、刺し始めの位置に近い図案の輪かくを、一方向に何回かすくって糸を固定します。つづけて布を表に返し、刺し始めの位置から針を出します。

裏　　一方向に何回かすくう　　表　　刺し始め

刺し終わり

図案の輪かくの中を刺し終えたら、布を裏返します。刺し始めと同様に刺し終わりの位置に近い図案の輪かくを、一方向に何回かすくって糸を固定します。この処理はシュバルム（p.28）やアジュール（p.68）で、1列刺し終えて、次の1列を刺す際、針を移動させるときにも行います。この場合はすくうのは1回。すべて刺し終えたら玉どめはせず、余分な糸を切って始末します。

裏　　一方向にすくう　　刺し終えるときは余分な糸を切る

次の1列を刺すときは、次に刺し始める位置に針を入れる

ホワイトワーク 基本テクニック

Schwalm Embroidery
シュバルム

シュバルムは、ドイツのシュバルムシュタット地方発祥。
布のほつれを防ぐため、ベーシックなステッチで図案の輪かくを刺してから輪かくの中の織り糸を一部抜いて、さまざまなステッチを施します。

シュバルムの流れ

STEP.1 図案の輪かくを刺す

まずは図案の輪かくとなる部分を刺します。コーラルSを刺したら、そのすぐ内側にチェーンSを刺します。
使用する針 先のとがった針

STEP.2 織り糸を抜く

図案の輪かくの中の織り糸を抜きます。中にかがる模様に合わせて、織り糸を抜く間隔や本数をかえます。
使用する針 先の丸い針

STEP.3 模様をかがる

図案の輪かくの中に模様をかがります。本書ではローズS、スターローズS、ジッパーS、ワッフルS、モスキートSの計5種を紹介します。
使用する針 先の丸い針

STEP.1
図案の輪かくを刺す

1 刺し始めに針を出す

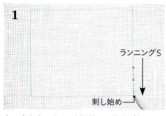

布の表を上にする。刺し始めの位置(角ならどの位置でもよい)に向かって数針ランニングS(p.73)を刺す。
POINT 糸が抜けないようにするため、玉結びはしない。このあと刺すコーラルS(p.73)で隠れる。

2 コーラルSを刺す

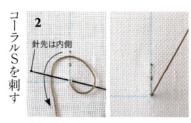

針先を図案の内側に向けて布目をすくい、そのまま糸をかける。糸を引いて締めれば、コーラルSが1目完成。

3

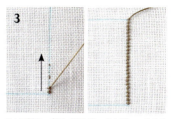

2と同様に、輪かく線にそって1列コーラルSを刺す。

4

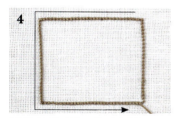

反時計まわりに1周コーラルSを刺す。

5 刺し終わりの始末をする

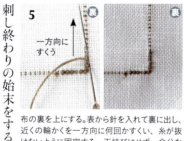

布の裏を上にする。表から針を入れて裏に出し、近くの輪かくを一方向に何回かすくい、糸が抜けないように固定する。玉結びはせず、余分な糸を切る。

6 刺し始めに針を出す

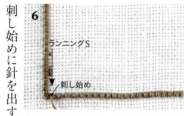

布の表を上にする。2～4で刺したコーラルSのすぐ内側に、1と同様にして刺し始めの位置に向かって数針ランニングSを刺す。

7 チェーンSを刺す

針先を進行方向に向けて布目をすくい、糸をかける。糸を引いて締めれば、チェーンS(p.73)が1目完成。

8

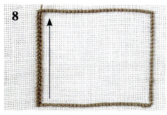

7と同様に、1列チェーンSを刺す。

9 刺し終わりの始末をする

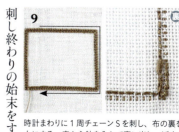

時計まわりに1周チェーンSを刺し、布の裏を上にする。表から針を入れて裏に出し、近くの輪かくを一方向に何回かすくい、糸が抜けないように固定する。玉どめはせず、糸を切る。

STEP.2
織り糸を抜く

縦の織り糸を抜く

1. 布の裏を上にする。中心にある織り糸を針で引き出す。

2. 引き出した織り糸をはさみで切る。

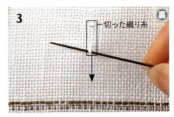

3. 切った織り糸を針ですくい直し、そのまま下に向かって糸を引き抜いていく。

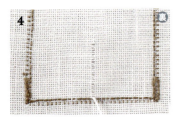

4. 輪かくのキワまで縦の織り糸を引き抜く。

5. 4の織り糸を輪かくのキワで切る。

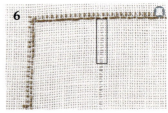

6. 上半分も同様に、引き抜いて切る。

横の織り糸を抜く

7. 1と同様に、図案の中心にある横の織り糸を針で引き出し、はさみで切り、抜いていく。

8. 縦と横の織り糸を1本ずつ抜いたところ。

全体の織り糸を抜く

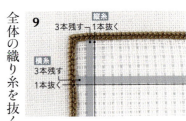

9. 輪かく内の織り糸を抜いていく。ステッチによって織り糸を抜く間隔や本数が異なる。写真は、縦・横糸ともに、3本おきに1本の織り糸を抜いた状態。

STEP.3
模様をかがる

ローズステッチ

織り糸を抜いてできた穴を起点に、4方向の織り糸を3本ずつかがります。野バラのような模様を、斜め方向にかがります。

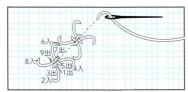

※1出、3出、5出、7出、9出はすべて同じ位置（模様の中心になる位置）。

折り糸を抜く

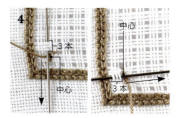

1 輪かくの中の織り糸を抜く（p.30）。縦・横糸ともに、3本おきに1本の織り糸を抜く。

1模様かがる

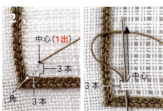

2 布の裏で刺し始めの処理をし（p.27）、布の表を上にする。角から縦糸3本右側、横糸3本上の穴（模様の中心）から針を出す（**1出**）。下側の、横糸3本を上方向にすくう（針は模様の中心に戻る）。
POINT 糸を針の下にかけ、針を引く。

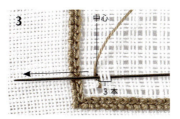

3 模様の中心の右側、縦糸3本を左方向にすくう（針は模様の中心に戻る）。

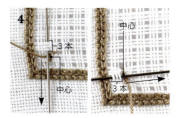

4 模様の中心の上側の、横糸3本を下方向にすくう。つづいて、模様の中心の左側の、縦糸3本を右方向にすくう（針はいずれも模様の中心に戻る）。

5 1模様かがったところ。

1列かがる

6 次の模様をかがる。針を次の模様の中心（1つ目の模様の中心から、縦糸3本右側、横糸3本上側の位置）から出し、**1〜4**と同様にかがる。これを図案のキワまで繰り返す。

全体をかがる

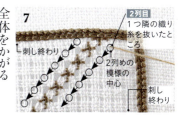

7 2列目は1列目の隣の、織り糸を抜いたところから針を出し、同様に今度は斜め下方向にかがっていく。図案が埋まるまでかがったら、布の裏側で刺し終わりの処理をする（p.27）。

スターローズステッチ

織り糸を抜いてできた穴を起点に、4方向の織り糸4本のうち3本を順にかがります。ローズSとかがり方は同じです。

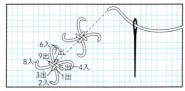

※1出、3出、5出、7出、9出はすべて同じ位置（模様の中心になる位置）。

織り糸を抜く

輪かくの中の織り糸を抜く（p.30）。縦・横糸ともに、4本おきに1本の織り糸を抜く。

1 模様かがる

布の裏で刺し始めの処理をし（p.27）、布の表を上にする。1つ目の模様の中心となる布目から針を出す（1出）。模様の中心の下側の、横糸4本のうち3本を上方向にすくう（針は模様の中心に戻る）。

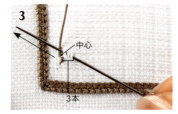

模様の中心の右側、縦糸4本のうち3本を左方向にすくう（針は模様の中心に戻る）。

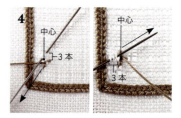

模様の中心の上側の、横糸4本のうちの3本を下方向にすくう。つづいて、模様の中心の左側の、縦糸4本のうちの3本を右方向にすくう（針はいずれも模様の中心に戻る）。

1模様かがったところ。

1 列かがる

次の模様をかがる。針を次の模様の中心（1つ目の模様の中心から、縦糸4本右側、横糸4本上側の位置）から出し、1～4と同様にかがる。これを輪かくのキワまで繰り返す。

全体をかがる

2列目は1列目の2つ隣の、織り糸を抜いたところから針を出し、同様に今度は斜め下方向にかがっていく。図案が埋まるまでかがったら、布の裏側で刺し終わりの処理をする（p.27）。

ジッパーステッチ

織り糸を3本すくう部分と6本すくう部分を交互に作りながらかがっていきます。凹凸の模様ができあがります。

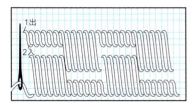

織り糸を抜く

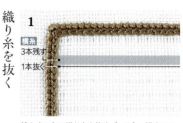

輪かくの中の織り糸を抜く（p.30）。横糸のみ、3本おきに1本の織り糸を抜く。

1模様かがる

布の裏で刺し始めの処理をし（p.27）、布の表を上にする。図案の輪かくのキワから針を出す（1出）。刺し始めの位置から縦糸1本右側、横糸3本下側の位置に針を入れ、上方向に横糸3本をすくって針を出す。

POINT スタートはキワの織り糸を抜いたところ。

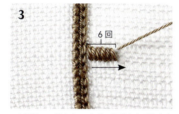

2と同様に、縦糸を1本ずつ移動しながら右方向に6回かがる。

さらに縦糸を1本右方向に移動したら、横糸6本下側から針を入れ、上方向にすくう。

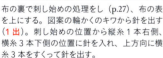

4と同様に、縦糸を1本ずつ移動しながら右方向に6回かがる。これで1模様完成。

1列かがる

2～5と同様にして図案の輪かくのキワまでかがる。

全体をかがる

2列目は1列目の下の横糸を抜いたところから刺し始め、3本すくう部分と6本すくう部分を1列目と逆にしてかがる。図案が埋まるまでかがったら、布の裏側で刺し終わりの処理をする（p.27）。

ワッフルステッチ

上下の縦糸3本ずつを返し縫いの要領ですくい、ジグザグにかがるステッチ。ワッフルのようなひし形模様になります。

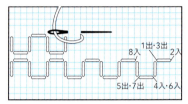

※1出と3出、4入と6入、5出と7出は同じ位置。

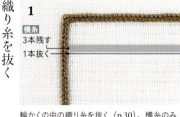

1 織り糸を抜く

輪かくの中の織り糸を抜く（p.30）。横糸のみ、3本おきに1本の織り糸を抜く。

2 1模様かがる

布の裏で刺し始めの処理をし（p.27）、布の表を上にする。輪かくのキワから縦糸3本隣から針を出す（1出）。戻るよう針を入れ（2入）、縦糸3本を左方向にすくう（3出は刺し始めと同じ）。
POINT ワッフルSは「縦糸3本分戻ってすくう」かがり方が基本。

3

刺し始めの位置（1出）から横糸3本下側に針を入れ（4入）、縦糸3本を左方向にすくう（5出）。再び（4入）と同じ位置から針を入れ（6入）、縦糸3本を左方向にすくう（7出）。

4 1列かがる

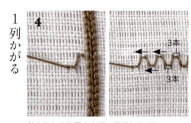

針を入れる位置を上下に移動しながら、2〜3と同様に縦糸を3本ずつかがっていく。

5

1列かがったところ。

6 全体をかがる

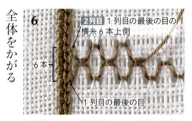

2列目も3〜4と同様にして、1列目と模様を対称にかがる。図案が埋まるまでかがったら、布の裏側で刺し終わりの処理をする（p.27）。

モスキートステッチ

縦糸を4本ずつ上下交互にすくうステッチ。刺したところがハの字模様になります。ふんわりとしたドット柄に仕上がります。

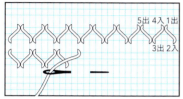

※1出と4入は同じ位置。

1 織り糸を抜く

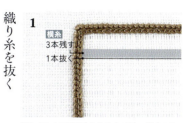

輪かくの中の織り糸を抜く（p.30）。横糸のみ、3本おきに1本の織り糸を抜く。

1模様刺す

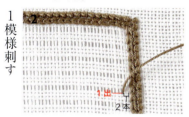

布の裏で刺し始めの処理をし（p.27）、布の表を上にする。輪かくのキワから縦糸2本隣に針を出す。

刺し始めの位置（1出）から横糸3本下側、縦糸2本右側から針を入れ（2入）、縦糸4本を左方向にすくう。（3出）

POINT モスキートSは「縦糸2本分戻り、縦糸4本を進行方向にすくう」が基本。

刺し始めの位置（1出）に針を入れ（4入）、縦糸4本を左方向にすくう（5出）。これで1模様完成。

1列かがる

3〜4を繰り返してかがる。

全体をかがる

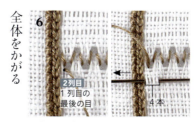

2列目は1列目の最後の目と同じ位置から針を出し、1列目と模様を対称にかがっていく。

図案が埋まるまでかがったら、布の裏側で刺し終わりの処理をする（p.27）。

Drawn Work
ドロンワーク

Drawnは「引き抜く」という意味で、布の一部の織り糸を抜き、残った織り糸を束ねたりしてかがりながら、模様にしていきます。「ドロン・スレッドワーク」とも呼ばれています。

ドロンワークの流れ

‹ STEP.1 ›
織り糸を抜く

布の一部の織り糸を抜きます。これがかがる模様の幅になり、糸を抜く本数は、模様によって異なります。
使用する針 **先の丸い針**

‹ STEP.2 ›
輪かくをかがる

織り糸を抜いた部分の輪かくをかがります。本書では、ヘムかがり、ボタンホールS、フォーサイドS、ジグザグかがりの計4種を紹介します。
使用する針 **先の丸い針**

‹ STEP.3 ›
輪かくの中をかがる

輪かくの中の織り糸をかがり、模様にします。本書では、結びかがり、3段の結びかがり、スパイダーかがり、2段の結びかがり、ダブルツイステッド、シングルツイステッドの計6種を紹介します。
使用する針 **先の丸い針**

STEP.1
織り糸を抜く

織り糸を抜く

1 布の裏を上にする。抜く部分の中心の横糸を針で引き出す。

2 引き出した糸をはさみで切る。

3 切った織り糸を針ですくい直し、そのまま左方向に引き抜く。同様に、右方向にも引き抜き、かがる模様の横幅の分だけ糸を引き抜く。
POINT 織り糸の抜きかたはシュバルムと同じ(p.30)。

抜いた織り糸を始末する

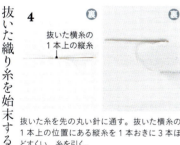

4 抜いた糸を先の丸い針に通す。抜いた横糸の1本上の位置にある縦糸を1本おきに3本ほどすくい、糸を引く。

5 横糸を1本抜き、両端を始末したところ。

6 1～4を繰り返し、かがる模様の縦幅の分だけ横糸を抜く。写真では横糸を16本抜いている。

ADVICE
抜いた糸は長くても切らずにそのままで

抜いた織り糸はこの段階では切らずに残しておきます。STEP.2 で輪かくをかがるときは、刺繍枠に布と一緒にはさんでおきましょう。切らずに残しておくと、抜く本数を間違えていたときにやり直せるので安心です。STEP.2 で輪かくをかがり終えたら切りましょう。

STEP.2
輪かくをかがる

ヘムかがり＆ボタンホールステッチの輪かく

織り糸を抜いた部分の上下に「ヘムかがり」と呼ばれるかがりかたをし、縦糸を数本ずつ束ねます。左右はボタンホールS（p.73）でかがり、抜いた織り糸のまわりに輪かくを作ります。

1 抜いた糸の上下をかがる

かがる模様の幅の分だけ織り糸を抜き（p.37）、布の裏を上にする。織り糸を抜いた部分の角から針を入れ、すぐ上の横糸2本を上方向にすくう。
POINT 玉どめはせず、最後に糸の始末をするために糸を少し残しておく。

角から縦糸4本を左からすくう。

2で針を入れた位置の上の横糸2本を上方向にすくい、キュッと糸を引く。
POINT 1〜3はドロンワークの基本となるかがりかたでこれを「ヘムかがり」という。

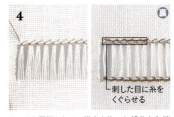

2〜3と同様にして、横糸を抜いた部分を左端までかがる。布の裏で両端の糸の刺し終わりの処理をする（p.27）。下側も同様にかがったら、STEP.1 で抜いた織り糸の余分を切る。

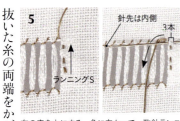

5 抜いた糸の両端をかがる

布の表を上にする。角に向かって、数針ランニングS（p.73）を刺す。すぐ横の縦糸を3本すくい、針先に糸をかけて引く。
POINT これを「ボタンホールS」（p.73）という。

5を繰り返し、端までかがったら、布の裏で刺し終わりの処理をする。もう一方の端も同様に刺す。

ADVICE
織り糸は上下を刺したあとで切る

STEP.1 で抜いた織り糸は抜いた本数に間違いがないことを確認したら、上下をかがったあとに切ります。

フォーサイドステッチ＆ボタンホールステッチの輪かく

織り糸を抜いた部分の上下を、フォーサイドSとよばれるマス目模様のステッチでかがります。両端はボタンホールS（p.73）でかがり、抜いた織り糸のまわりに輪かくを作ります。

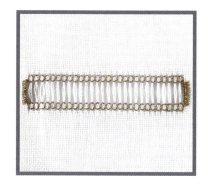

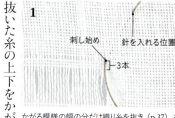

1 抜いた糸の上下をかがる

かがる模様の幅の分だけ織り糸を抜き（p.37）、布の表を上にする。織り糸を抜いた部分以外の適当な位置から針を入れ、織り糸を抜いた部分の角の横糸3本上から針を出す（刺し始め）。
POINT 刺し終わりで糸処理をするため、少し長めに糸を残しておく。

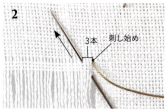

2 角に針を入れ、刺し始めの位置より縦糸3本隣から針を出す。

3 刺し始めの位置から針を入れ、縦糸3本分隣から針を出す。

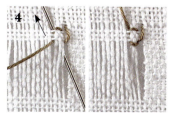

4 再び2と同様にかがる。
POINT 1〜3の、縦糸3本隣から針を出し織り糸を斜めにすくうステッチを「フォーサイドS」という。

5 2〜4と同様にして、横糸を抜いた部分の左端までかがる。布の裏で両端の糸の刺し終わりの処理をする（p.27）。下側も同様にかがったら、抜いた織り糸の余分を切る。

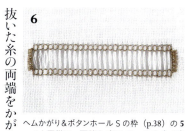

6 抜いた糸の両端をかがる

ヘムかがり＆ボタンホールSの枠（p.38）の5〜6と同様に、両端をボタンホールS（p.73）でかがり、布の裏で刺し終わりの処理をする。

ADVICE
裏から見てクロスしていたらOK

フォーサイドSでは、針を対角線上に出し入れするため、布の裏側では刺繍糸がクロスした形になります。

ジグザグかがりの輪かく

織り糸を抜いた部分の上下にヘムかがり（p.38）をするときに、上下で縦糸を束ねる位置をずらします。こうすることで同じヘムかがりでも輪かくの中にジグザグ模様ができます。

抜いた糸の上下の枠をかがる

1 ヘムかがり＆ボタンホールS（p.38）の **1〜3** と同様にして、織り糸を抜いた部分の上側にヘムかがりをする。端までかがったら、布の裏で刺し終わりの処理をする（p.27）。

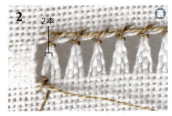

2 下側にも同様にヘムかがり（p.38）をする。このとき、1回目では、すくう織り糸を2本にしてヘムかがりをする。

3 以降は、縦糸を4本ずつすくってヘムかがりをする。

4 織り糸を抜いた部分の端までかがったら、布の裏で刺し終わりの処理をする。

ADVICE
中をかがらなくても模様ができる！

織り糸を束ねる位置を上下でずらすことで、ジグザグ模様になります。ヘムかがりのみで、輪かくの中をかがることなく手軽に模様ができます。

STEP.3
輪かくの中をかがる

結びかがり

まわりの輪かくはヘムかがり＆ボタンホールS（p.38）をします。輪かくの中は縦糸の束を数束ずつ結びながらかがる「結びかがり」をします。ドロンワークで輪かくの中をかがるときの基本となるかがりかたです。

1模様かがる

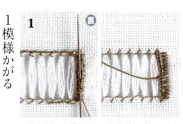

1

ヘムかがり＆ボタンホールS（p.38）で輪かくをかがる。布の裏を上にし、ボタンホールS（p.73）の一方を何回かすくう。布の表を上にし、針を輪かくの中央から出す。
POINT 刺し始めの処理（p.27）。針を出した位置がこのあと束ねていく糸の高さになる。

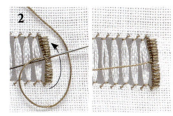

2

ボタンホールSを内側から外側にすくったら、針先に糸を反時計まわりにかけて引く。
POINT このあと枠の中をかがるときに糸がゆるまないように輪かくに糸をとめておくため。

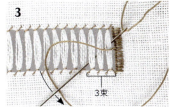

3

端から針を入れて左方向に縦糸を3束すくい、2と同様に針先に糸を反時計まわりにかける。

4

束の中央で糸を引き締める。1模様完成。
POINT このかがりかたを「結びかがり」といい、輪かくの中の織糸を束ねる基本動作になる。織糸をどのように束ねるかによって、さまざまな模様を作ることができる。

繰り返しかがる

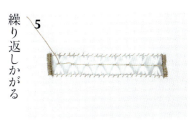

5

3〜4を繰り返し、端までかがる。
POINT 結び目を束の中央でそろえる。

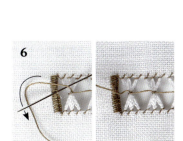

6

ボタンホールSの中央を内側から外側にすくい、針先に糸を反時計まわりにかけて引き締める。

7

布の裏で刺し終わりの処理をする（p.27）。

3段の結びかがり＋スパイダーかがり

結びかがり（p.41）に続けて行います。縦糸を1束ずつ結びかがりながらウェーブ状に糸を渡らせます。さらに、結びかがりをした糸3本が交わるところではスパイダーかがりをして、うずまき模様を作ります。

1段目をかがる

1

1段目は結びかがり（p.41）の**6**までと同様にかがる。

2段目をかがる

2段目をかがる糸をボタンホールS（p.73）の上から1/4あたりに結びかがりをして固定する（p.41の**2**参照）。端から針を入れて縦糸の束を1束すくい、針先に糸を反時計まわりにかけて引く。

次の2束も同様に、縦糸を1束ずつすくい、結びかがりをする。
POINT 3束に渡した糸が自然なカーブになるように指で整える。

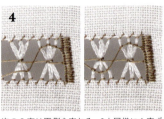

次の3束は下側を束ねる。**2**と同様に1束ずつすくい、結びかがりをする。

2～4と同様にして、上下交互になるようにかがっていく。端までかがったら、ボタンホールSの下から1/4あたりに結びかがりをして固定する。これで2段目の完成。

3段目をかがる

2と同様に、3段目をかがる糸を、ボタンホールSの上から1/4あたりに結びかがりをして固定する。

布の上下を持ちかえて、**2～4**と同様にして縦糸を1束ずつすくい、結びかがりをする。

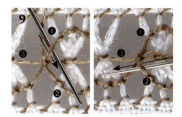

1、2段目の糸が交差するところを下からすくう。針先に糸を反時計まわりにかけて引き締め、結びかがりをする。
POINT これで1～3段目の糸が交差した状態で固定される。

8で固定された1～3段目の糸を、❶、❷、❸の順に、1カ所おきに時計まわりにすくっていく（写真は❶、❷をすくったところ）。
POINT このかがりかたを「スパイダーかがり」という。

9の❸までの糸をすくったところ。

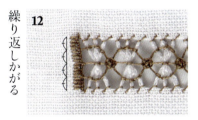

つづいて写真の❶、❷の順に糸をすくい、計2周かがったら、スパイダーかがりの一番外側の糸を1本すくい、糸を引く。
POINT スパイダーかがりを何周させるかは、作りたい大きさによって調整する。

7～11と同様にして端までかがったら、ボタンホールSの上から1/4あたりに結びかがりをして固定する。布の裏で刺し終わりの処理をする（p.27）。

2段の結びかがり

まわりの輪かくはヘムかがり&ボタンホールS（p.38）をします。輪かくの中は結びかがり（p.41）を2段します。1段目と2段目で束ねる位置をかえて中央にジグザグ模様を作ります。

ヘムかがり&ボタンホールS（p.38）で輪かくをかがる。結びかがり（p.41）の**1**と同様に、刺し始めの処理をする。布の表を上にし、糸を輪かくの1/3あたりに結びかがりをして固定する（p.41の**2**参照）。縦糸を4束すくい、結びかがりをする。

1と同様にして縦糸を4束ずつすくい、結びかがりをする。

端に残った縦糸2束をすくい、結びかがりをする。ボタンホールS（p.73）の下から1/3あたりに結びかがりをして固定する。1段目は完成。

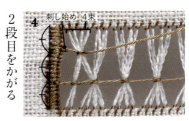

ボタンホールSの上から1/3あたりに結びかがりをして固定する。縦糸を左から4束すくい、結びかがりをする。これが2段目の1模様目。

同様にして縦糸を4束ずつすくい、結びかがりをする。
POINT 1段目と束ねる位置をかえることで、中央にジグザグ模様ができる。

端に残った縦糸2束をすくい、結びかがりをする。ボタンホールSの上から1/3あたりに結びかがりをして固定する。布の裏で刺し終わりの処理をする（p.27）。

ダブルツイステッド

まわりの輪かくはフォーサイドS＆ボタンホールS（p.39）をします。輪かくの中は針先を右に向けたり左に向けたりするのが特徴で、織り糸を抜いた部分の縦糸の束を、ひねりながらかがり、枠内にクロス模様を作ります。

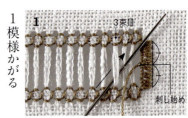

フォーサイドS＆ボタンホールS（p.39）で輪かくをかがる。布の裏で刺し始めの処理をしたら（p.27）、表を上にする。ボタンホールS（p.73）の中央に結びかがりをして固定する（p.41の2参照）。端から3束目を左からすくう。

針を返しながら1、2束目を右からすくい、そのまま4束目を右からすくう。
POINT 3束目が引っかかった状態で1、2束目をすくうため、1、2束目と3束目がクロスする。

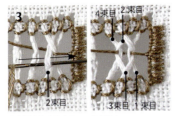

2束目を左からすくい、糸を引く。
POINT 再び束がくるりとひねられる。1束目と3束目、2束目と4束目がクロスした形になる。

1〜3と同様にして端までかがったら、ボタンホールSの中央に結びかがりをして固定する。布の裏で刺し終わりの処理をする（p.27）。

シングルツイステッド

まわりの輪かくは、両端のみボタンホールS（p.73）をします。輪かくの中は織り糸を抜いた部分の縦糸をすくっては逆側に針を返す動作が特徴です。縦糸6本をひとまとまりとして、3本ずつを左右にひねりながらかがります。

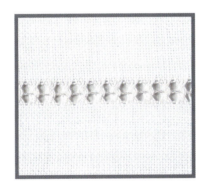

両端をボタンホールS（p.73）でかがる。布の裏で刺し始めの処理をしたら（p.27）、表を上にする。ボタンホールSの中央に結びかがりをして固定する（p.41の**2**参照）。織り糸の4〜6本目を左からすくう。

針を返しながら1〜3本目をすくい、4〜6本目の下に針を通して糸を引く。これで1模様完成。
POINT 1本目に針をかけて、反対側（進行方向）に返す。1〜3本目の織り糸と、4〜6本目の織り糸がクロスする。

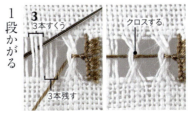

1〜2と同様にして端までかがる。

端までかがったら、ボタンホールSの中央に結びかがりをして固定する。布の裏で刺し終わりの処理をする（p.27）。

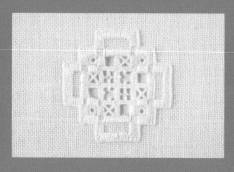

Hardanger
ハーダンガー

ハーダンガーは、ノルウェーのハンダンゲル地方が発祥。
サテンステッチ（p.73）などで輪かくとなる模様を刺したあと、中の織り糸を格子状に抜き、さまざまなステッチでかがって仕上げていきます。

ハーダンガーの流れ

STEP.1
しつけをする

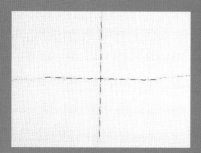

縦糸、横糸をそれぞれ4本ずつすくってしつけをします。これが模様を刺していくときに目数を数える目安となります。糸はすべりのよいミシン糸などを使用します。
使用する針 先の丸い針

STEP.2
内側の輪かくを刺す

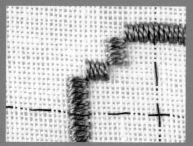

サテンS（p.73）で模様の内側の輪かくを刺します。しつけを目安にして、目数を間違えないように注意しながら刺していきましょう。糸は8番刺繍糸を使用します。
使用する針 先の丸い針

STEP.3
外側の輪かくを刺す

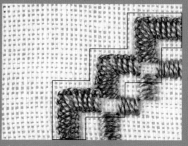

ボタンホールS（p.73）で模様の外側の輪かくを刺します。サテンSと同様に、目数を正確に数えながら刺していきます。
使用する針 先の丸い針

STEP.4 輪かくの中を刺す

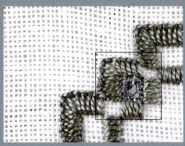

サテンSとボタンホールSで囲まれた部分に、飾りとなるアイレットSを刺します。ここからは糸を12番刺繍糸にかえます。
使用する針 先の丸い針

STEP.5 織り糸を切って抜く

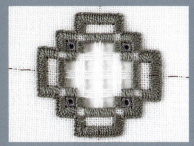

内側の輪かく内の織り糸を切って抜き、格子状に残します。

STEP.6 残った織り糸をかがる

格子状に残した織り糸をかがっていきます。本書では、ウーブンバー、ピコット、ループ、ツイステッドクロス、ロールSの計5種を紹介します。
使用する針 先の丸い針

STEP.7 周囲の布をカットする

外側の輪かくに沿って、布をはさみで切ります。

STEP.1

しつけをする

横の織り糸をすくう

1

布の表を上にして針を出したら、図案の中心の横糸を4本ずつすくい、しつけをする。糸は、布の裏に少し残しておく。
POINT 布目4目（織り糸4本）が基準。目数を数えやすいようにしつけをする。

縦の織り糸をすくう

2

同様に、図案の中心の縦の織り糸を4本ずつすくい、しつけをする。

ADVICE

しつけ糸はステッチを正確にかがるためのガイド

しつけ糸は、ステッチを刺すときのガイドなので、布や刺繍糸とは色をかえましょう。輪かくを刺し終えたあとに抜くため、すべりのよいミシン糸などがおすすめです。

STEP.2

内側の輪かくを刺す

サテンステッチ

サテンS（p.73）は、糸を同じ方向に刺していく面刺しのステッチです。ハーダンガーでは、織り糸4本を繰り返しすくっていきます。目数を正確に数えて刺しましょう。糸は8番刺繍糸を使用します。

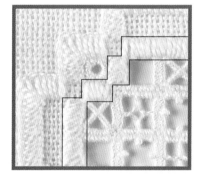

刺し始めに針を出す

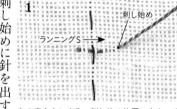

1

布の表を上にする。刺し始め位置に向かって数針ランニングS（p.73）を刺す。
POINT 玉どめはしない。このステッチは糸がぬけないようにするためのもので、このあと刺すサテンSで隠れる。

サテンSを刺す

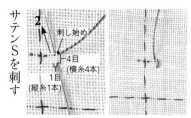

2

刺し始めの位置から4目（横糸4本）下に針を入れ、1目（縦糸1本）左から針を出して糸を引く。これでサテンS（p.73）が1個完成。
POINT 糸を引くときは、布が引きつれない程度の力加減で。

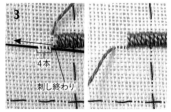

3

2を繰り返し、左に向かってサテンSを刺す。刺し終わりから縦糸4本を左方向にすくい、新たな辺に移動する。
POINT このように糸を同じ方向に刺し並べるステッチをサテンSという。

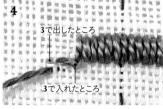

4

2と同様に、今度は下に向かってサテンSを刺していく。3で入れたところに再び針を入れたら、3で出したところの1目（横糸1本）下から針を出す。

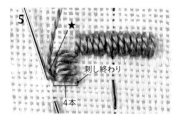
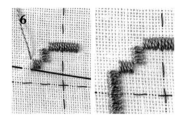
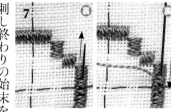

4 を繰り返し、サテンSを刺す。刺し終わりから縦糸4本を左方向にすくい、糸を出す（★）。★から下の横糸4本を上方向にすくう。針は★の1目（縦糸1本）左から出す。

2〜5を図案に応じて繰り返し、1周刺す。

布を裏にし、サテンSを両端から何回かすくい、刺し終わりの処理をする（p.27）。余分な糸を切り、内側の輪かくは完成。
POINT 面刺しは、刺し終わりの処理で糸を両端からすくう。下からと上からですくう糸をずらすとよい。

STEP.3
外側の輪かくを刺す
ボタンホールステッチ

ボタンホールS（p.73）で外側の輪かくをかがります。織糸をすくい、針先に糸をかけて引く動作を繰り返します。ブランケットSとも呼ばれるステッチです。糸は引き続き8番刺繍糸を使用します。

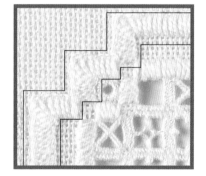

布の表を上にする。刺し始めの位置に向かって数針ランニングS（p.73）を刺す。
POINT 玉どめはしない。このステッチは糸がぬけないようにするためのもので、このあと刺すボタンホールS（p.73）で隠れる。

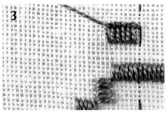
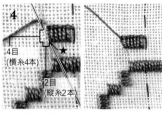

刺し始めの位置から4目（横糸4本）下、1目（縦糸1本）左に針を入れる。上方向に4目（横糸4本）すくい、針に糸をかけて引く。これでボタンホールS（p.73）が1個完成。
POINT 布が引きつれない程度に糸を引く。

2を繰り返し、左に向かってボタンホールSを刺す。

角を刺す。最後にボタンホールSの針を入れた位置と同じ位置（★）に針を入れ、2目（縦糸2本）左を、下から4目（横糸4本）すくう。

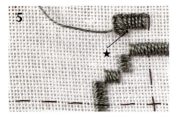

5

4と同様に、針を入れる位置（★）はかえず、すくう向きを下に2目（横糸2本）ずらし、4目（縦糸4本）すくう。同様に、さらに下に2目（横糸2本）ずらして布目をすくう。
POINT 角を刺すときは、同じ目に針を入れ、針を出す位置を2目ずらす。

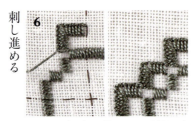

6 刺し進める

2〜5を図案に応じて繰り返し、1周刺す。布を裏にし、ボタンホールSを両端から何回かすくい、刺し終わりの処理をする（P.49の「内側の輪かくを刺す」の7参照）。余分な糸を切り、外側の輪かくは完成。

ADVICE

途中で糸が足りなくなったら？

ハーダンガーのボタンホールSは、継ぎ目が目立たないように布の裏で糸をかえます。刺し始めの処理（p.27）と同様に、ボタンホールSに糸をくぐらせて固定したら、布の表に針を出します。

1

残りわずかになった糸を裏に出す。糸は引ききらずに輪にしておく。

2

布の裏を上にし、新しい糸でボタンホールSを数本すくい、糸を固定する。

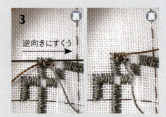

3

2と逆向きに数本すくう。
POINT 右からと左からすくう糸をずらす。

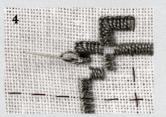

4

布の表を上にし、1の続きの位置から針を出す。このとき、1で引ききらずにおいておいた糸の輪に針をくぐらせる。

5

刺し終わったほうの糸を布の裏から引ききる。玉どめはせず刺し終わりの処理をする（p.49「内側の輪かくを刺す」の7参照）。

STEP.4
輪かくの中を刺す

アイレットステッチ

サテンS（p.73）とボタンホールS（p.73）で囲まれた部分に刺します。中心から外側に向かって織り糸をすくい、糸を強めに引くことで、中心に穴を作ります。ここからは糸を12番刺繍糸にかえます。

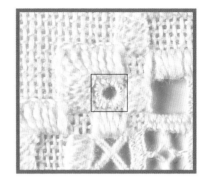

1 刺し始めに糸を出す

布の裏で刺し始めの処理をし（p.27）、サテンS（p.73）とボタンホールS（p.73）に囲まれた正方形部分のキワから針を出す。

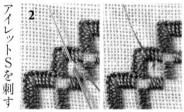

2 アイレットSを刺す

正方形部分の中心に針を入れ、**1**で刺したところから1目（織り糸1本）左に針を出す。そのまましっかりと糸を引く。

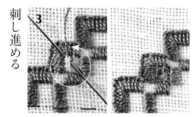

3 刺し進める

2と同様に、針を入れる位置はかえず、左に1目（織り糸1本）ずつずらしながら正方形部分を埋めるように1周刺す。布を裏にし、刺し終わりの処理をする（P.27）。

STEP.5
織り糸を切ってぬく

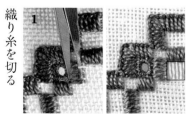

1 織り糸を切る

カット位置を確認して織り糸を切る。切った織り糸を針で少しずつ引き抜き、4本抜く。

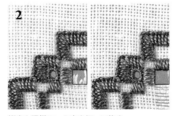

2 縦糸も同様に、4本を切って抜く。

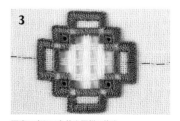

3 図案に応じて全体を同様に抜く。

STEP.6
残った織り糸をかがる

ウーブンバー

STEP.5 で残した織り糸4本のうち2本ずつに糸を巻きつけて、棒状にかがっていきます。糸は12番刺繍糸を使用します。

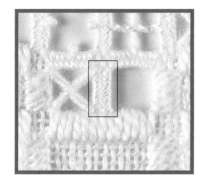

1 ウーブンバーでかがる

裏で刺し始めの処理をし（p.27）、布の表を上にする。刺し始めの位置（織り糸4本と輪かくのキワ）から糸を表に出す。

2 残った織り糸4本のまんなかに針を入れ、2本をすくって引く。

3 反対側からも2と同様に、残った織り糸4本のまんなかに針を入れ、2本をすくって引く。これで1個完成。
POINT 針先で「∞」を描くような動作になる。

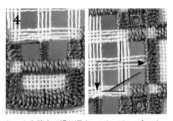

4 2～3を端まで繰り返す。これでウーブンバーが1個完成。何個かかがるときは図案に合わせて、階段状にかがっていく。すべてかがったら、布の裏で刺し終わりの処理をする（p.27）。

ピコット

ウーブンバーの途中で作る結び玉の飾りです。玉どめの要領で、針先に糸を2回巻きつけて作ります。

1 ウーブンバーでかがる

ウーブンバーで1辺（織り糸4本）の中央までかがる。

ピコットを作る

織り糸4本のうち下2本を上方向にすくって糸を引いたあと、針先に2回糸を巻きつける。

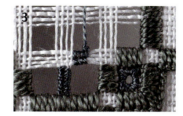

糸を引き、小さな結び玉を作る。

ウーブンバーでかがる

1と同様にして、ウーブンバーで端までかがる。

ループ

ウーブンバーの途中で正方形の四辺に糸を引っかけて作るひし形模様です。ウーブンバーでかがった4辺の中央に針を入れて作ります。

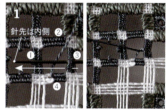

ループを作る

ループを作るところの四方のうち、まず3辺（❶、❷、❸）をウーブンバーでかがる。4辺目（❹）は中央までウーブンバーでかがったら、3辺目（❸）のウーブンバーの中央に、外側から内側に向けて針を入れ、糸を引く。

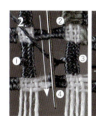

1と同様に、2辺目（❷）のウーブンバーの中央に、外側から内側に向けて針を入れ、糸を引く。つづいて、1辺目（❶）のウーブンバーの中央に、外側から内側に向けて針を入れ、糸を引く。

ウーブンバーでかがる

1の4辺目（❹）を、内側から外側に向けて針を出し、ウーブンバーでかがる。

4辺目の端までかがったら引き続き図案に沿って段階状にかがっていく。すべてかがったら、布の裏で刺し終わりの処理をする（p.27）。

ツイステッドクロス

ウーブンバーでかがる途中、正方形の中に十字架模様を作ります。ウーブンバーでかがった4辺の向かいに針を入れて、まっすぐに糸を渡らせて作ります。

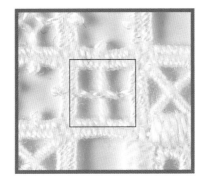

ウーブンバーでかがる

ツイステッドクロスを作るところの四方の織り糸のうち、まず2辺（❶、❷）をウーブンバーでかがる。3辺目（❸）は中央までウーブンバーでかがったら、1辺目（❶）の中央に外側から内側に向けて針を入れる。

ツイステッドクロスを作る

糸を引き、そのまま3辺目（❸）の織り糸の中央に、内側から外側に向けて針を入れる。再び糸を引く。
POINT このように向かい合う辺に糸を渡していくのがツイステッドクロス。

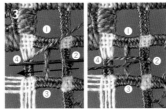

3辺目（❸）の残りから4辺目（❹）の中央までウーブンバーでかがったら、**1**と同様に、2辺目（❷）の中央に外側から内側に向けて針を入れ、糸を引く。

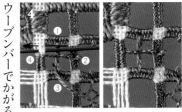

ウーブンバーでかがる

4辺目（❹）の残りをウーブンバーで端までかがる。すべてかがったら、布の裏で刺し終わりの処理をする（p.27）。

ロールステッチ

サテンS（p.73）や、ウーブンバーで四方をかがった正方形の中に斜めに糸を渡らせ、巻きつけて作る模様です。糸は12番刺繍糸を使います。

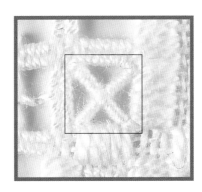

刺し始めに糸を出す

四方をかがった正方形の角から針を出して刺し始めにする。

ロールＳを刺す

刺し始めの向かいの角の織り糸を、外側から内側に向かってすくい、針先を刺し始めと同じ位置に出し、糸を引く。

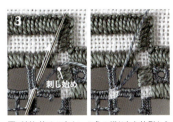

再び刺し始めの向かいの角の織り糸を外側から内側に向かってすくい、糸を引く。

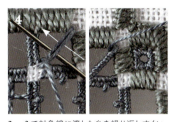

2～3で対角線に渡した糸を繰り返しすくい、糸を巻きつけていく。
POINT 糸をしっかりと引きながら巻く。

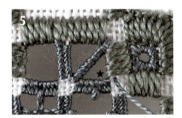

端まで糸を巻きつけたら、布の裏からサテンＳをすくい、刺し始めの下の角（★）から針を出す。

2～4と同様に、★の向かいの角（☆）にもロールステッチを刺す。刺し終えたら布の裏で刺し終わりの処理をする（p.27）。

STEP.7
周囲の布をカットする

布を切る

外側の輪かく（p.49）のキワに沿って、はさみで切る。
POINT ステッチを切らないように丁寧に。

HEDEBO EMBROIDERY
ヒーダボー

ヒーダボーは、デンマークに伝わる代表的な刺繍です。
「ヒーダボーのボタンホールステッチ」というステッチを基本とし、
ふちをかがる手法と、布を丸く切り抜いた内側をかがる手法があります。

ヒーダボーの流れ

STEP.1 ふちを刺す

布のふちに、ベースとなるステッチを刺します。ヒーダボーのボタンホールSとよばれる、ヒーダボーの最も基本的なステッチです。
使用する針 先のとがった針、先の丸い針

STEP.2 ふちをかがる

ふちにヒーダボーのボタンホールSで半円状の模様を加えていきます。
使用する針 先の丸い針

丸い輪かくをかがり、中の布をカットする

土台の布を丸く切り抜く「オープンワーク」を施し、その中に模様をかがる方法。布を丸く切り抜きながら、輪かくをヒーダボーのボタンホールSでかがります。
使用する針 先のとがった針、先の丸い針

輪かくの中の穴をかがる

ふちの内側に模様をかがります。本書では、はしごかがり、リックラック、ダーニングかがり、リブドスパイダーウェブの計4種と、組み合わせて作る模様を紹介します。
使用する針 先の丸い針

STEP.1
ふちを刺す

刺し始めに針を出す / **ヒーダボーのボタンホールSをかがる**

1

布の表を上にし、ふちを少し折り、刺し始めの位置(端)に向かって数針ランニングS (p.73)を刺す。
POINT まずは先のとがった針を使う。

2

布の向こう側から針を入れ、手前に出す。

3

糸を完全に引ききらず、ループを残した状態にする。

4

ループの向こう側から針をくぐらせて糸を引く。これでヒーダボーのボタンホールSが1個完成。

5
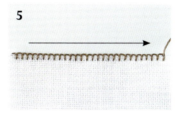
2〜4と同様にして、端まで刺す。

ステッチをすくって戻る

6
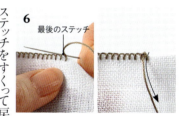
端まで刺したら先の丸い針にかえる。5でかがった最後のステッチの向こう側から針を入れて、手前に出す。
POINT 目をすくっていく動作は先の丸い針を使う。

7
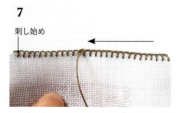
6を繰り返し、ステッチを1針ずつすくって刺し始めの位置まで戻る。

8

刺し始めの位置まで戻ったところ。これでふちは完成。

ADVICE
ヒーダボーは向こう側から手前に針を刺す

「向こう側から手前に向かって針を入れ、ループに針をくぐらせて糸を引く」という2〜4の動作を「ヒーダボーのボタンホールS」といいます。ヒーダボーの基本の刺しかたとなるので、まずはこの動作を覚えましょう。

‹ STEP.1 ›
丸い輪かくをかがり、中の布をカットする

ダブルランニングSを刺す

1

輪かくを描いた布を、表を上にする。図案に沿って1周、ランニングS（p.73）を刺す。
POINT 先のとがった針を使う。

2

1周刺したら、輪かくのあいているところを刺して、もう1周する。1周刺したら輪かくの2～3mm外側から糸を出す。
POINT このステッチをダブルランニングS（p.73）という。

布を切る

3

輪かく内の中心から放射状にはさみを入れ、糸を出したところに近い部分に切れ目を入れる。

ヒーダボーのボタンホールSをかがる

4

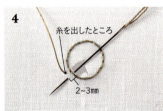

切った布は裏側に折り込む。糸を出したところに近い輪かくのキワから針を入れ、外側2～3mmに針を出す。

5

糸を完全に引ききらずループを残し、ループの向こう側から針を通す。

6

糸を引いて締める。これでヒーダボーのボタンホールS（p.57）が1個完成。これを反時計まわりに繰り返し、3でカットした部分までかがる。
POINT「ふちを刺す」（p.57）と同様。

7

3～6と同様に、輪かくの中を少しずつカットしながら、ヒーダボーのボタンホールSでかがっていく。

8

1周かがったら、先の丸い針にかえる。時計まわりにヒーダボーのボタンホールSのステッチをすくい、刺し始めに戻る。布の裏で刺し終わりの処理をする（p.27）。
POINT 目をすくう動作は先の丸い針を使う。

ADVICE
カットした布は裏側に折り込みながら刺していく

カットした布は裏側に折り込み、一緒にかがっていきます。

STEP.2
ふちをかがる

ボタンホールスカラップ

ふちに半円状に渡した糸に、ヒーダボーのボタンホールSをかがって飾りにします。ここではアレンジとして何段か重ねたり、ピコットと呼ばれる結び玉の飾りも作ります。

1 1模様かがる

ふちを刺したら（p.57）、刺し終わりの目から4回ほど先のステッチに、向こう側から針を入れる（刺し始め）。

2

糸を引ききらず、半円状にする。

3

1のふちの刺し終わりの目と同じところに針を入れる。

4

1〜3を繰り返し、半円状に計4回糸を渡す。
POINT 均一な半円になるように、渡した糸を針で持ち上げて高さを調整する。

5

半円状に渡した糸の向こう側から針を入れる。

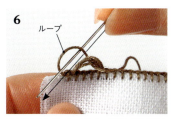

6

糸を引ききらずにループにし、そこに向こう側からもう一度針を入れる。

7

糸を引いて引き締める。
POINT これでヒーダボーのボタンホールS（p.57）が1個完成。

8

5～7と同様にし、半円状に渡した糸の端までヒーダボーのボタンホールSをかがる。

9

刺し始めの位置に針を向こう側から入れて糸を引く。これでボタンホールスカラップが1個完成。

10 1段かがる

1つ目の模様のすぐ隣のステッチに、向こう側から針を入れる。2～4と同様に半円状に糸を渡す。

11

半円状に糸を、計4回渡したところ。5～9と同様に、半円状に渡した糸にヒーダボーのボタンホールSをかがる。

12

かがりたいところまで繰り返し、1段のボタンホールスカラップの完成。刺し終わりは最後のボタンホールスカラップの刺し始めの位置に針を入れて糸を引いたら、ボタンホールスカラップを何回か裏側からすくい、余分な糸を切る。

13 2段かがる

2段にする場合は、1～11まで同様にかがったら、2つめのボタンホールスカラップを中央までかがる。1つ目のボタンホールスカラップの中央に、向こう側から針を入れる。

14

2つ目のボタンホールSの中央に再び針を入れる。これを繰り返し、半円状に糸を3回渡したら、ヒーダボーのボタンホールSをかがり、2段のボタンホールスカラップは完成。刺し終わりは12と同様にする。

15 ピコットを作る

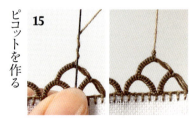

ピコットを作る場合は、11または14で糸を渡したら、中央までヒーダボーのボタンホールSをかがる。ここで針に糸を2～3回ほど巻きつけて、糸を引く。
POINT 巻く回数はピコットの大きさでかえる。

16

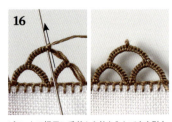

ピコットの根元に手前から針を入れて糸を引く。続けてヒーダボーのボタンホールSを端までかがる。2段の場合は1目の残りもかがる。刺し終わりは12と同様にする。

ヒーダボーリング

ヒーダボーのボタンホールS (p.57) でできたリングです。糸をぐるぐると巻いて輪を作り、その輪にヒーダボーのボタンホールSをかがって作ります。

ループを作る

1

ヒーダボースティックに糸を3〜4回ほど巻きつける。
POINT ヒーダボースティックは、ペンなど円筒状のもので代用してもよい。

ヒーダボーのボタンホールSをかがる

2

1で巻きつけた糸に、向こう側から針を入れる。

3

ループ
糸を引ききらずにループを残し、ループの向こう側から針を入れる。

4

糸を引ききり、スティックからはずす。これで糸の輪にヒーダボーのボタンホールS (p.57) を1個かがった状態となる。

5

同様に、ヒーダボーのボタンホールSを時計まわりにかがっていく。

6 最初のボタンホールS

1周かがったら、最初のヒーダボーのボタンホールSに針を入れ、糸を引く。

7

刺し終わりはヒーダボーのボタンホールSを何回か裏側からすくい、余分な糸を切る。
POINT 刺し終わりの処理は、その他のステッチと同じ (p.27)。

はしごかがり

丸い輪かくの中に、ヒーダボーのボタンホールSをゆるめにかがり、はしご状のレース模様を作ります。

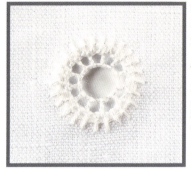

ヒーダボーのボタンホールSをかがる

1

糸を出したところ
2個

中の布をカットしながら、丸い輪かくを1周かがったら（p.58）、糸を出したところから2個先のステッチに、内側から外側に向けて針を出す。

ループ

糸を引ききらずにループを作り、向こう側から針を入れて糸を軽く引く。これでヒーダボーのボタンホールS（p.57）が1個完成。
POINT 針を通したあとも、糸を引ききらずループを残したままにする。

3

1〜2と同様に、輪かくの内側にヒーダボーのボタンホールSを反時計まわりにかがっていく。

4

最初のステッチ

最後は最初のステッチを向こう側からすくい、糸を引く。これで1周完成。

ステッチをすくって戻る

5

最初のステッチ

最初のヒーダボーのボタンホールSの1個左のステッチに、向こう側から針を入れ、糸を引く。

6

最初のステッチ

同様にして、ステッチを1個ずつ時計まわりにすくい、**2**の最初のステッチまで戻る。

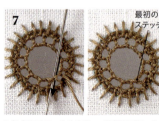

7

最初のステッチ

1個先のステッチをすくい、最初のステッチに針を入れる。布の裏で刺し終わりの処理をする（p.27）。

2段のはしごかがり

丸い輪かくの中に、はしごかがり (p.62) を2段かがります。輪かくの中にはしご状のレース模様を作ります。

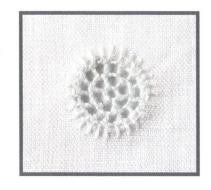

1段目をかがる

中の布をカットしながら、丸い輪かくをかがったら (p.58)、輪かくの中にはしごかがり (p.62) をする。

2段目をかがる

1段目でかがった最後のステッチから2個先のステッチのループ部分に、向こう側から針を入れる。

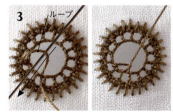

糸を引ききらずにループを作り、向こう側から針を入れて糸を軽く引く。これで2段目のヒーダボーのボタンホールS (p.57) が1個完成。

ステッチをすくって戻る

反時計まわりに2段目を1周かがったら、はしごかがり (p.62) の **5〜7** と同様に時計まわりに1周＋1個分ステッチをすくって戻る。2段目の最初のステッチの1個先のステッチから針を入れる。布の裏で刺し終わりの処理をする (p.27)。

リックラック

ヒーダボーのボタンホールSで作る三角形の模様です。ここでは、丸いふちの中にリックラックを5個作ります。

1段目をかがる

中の布をカットしながら、丸い輪かくをかがったら (p.58)、はしごかがり (p.62) の **1〜2** と同様にして、ヒーダボーのボタンホールS (p.57) を1個かがる。

1を繰り返し、ヒーダボーのボタンホールSを4個かがる。これでリックラックが1段完成。
POINT 1段に何個かがるかは丸い輪かくの大きさに応じてかえる。

2段目をかがる

2段目の刺し始めは、1段目の最初のステッチに、向こう側から針を入れて糸を引く。

1段目で2個目にかがったステッチの向こう側から針を入れ、糸を引ききらずにループを作り、再度向こう側から針を入れて糸を引く。これで2段目のヒーダボーのボタンホールSが1個完成。

1段目で3個目にかがったステッチも同様にし、ヒーダボーのボタンホールSを3個かがる。これで2段目が完成。

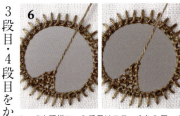

3段目・4段目をかがる

1〜5と同様に、3段目はステッチを2個、4段目はステッチを1個かがる。

ステッチをすくって戻る

1〜3段目にかがったステッチの、右側の目を3〜1段目の順に向こう側からすくって刺し始めの位置まで戻る。これでリックラックが1個完成。

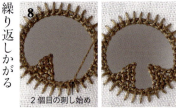

繰り返しかがる

布の裏側からふちの目をすくい、2個目のリックラックの刺し始めの位置から糸を出す。1〜7と同様に、2個目のリックラックをかがる。

リックラックをつなぐ

計5個かがったら、各リックラックの頂点（4段目）を❶、❷の順で下から上にすくい、糸を引いてつなぎ、つづいて❸、❹のリックラックを同様につなぐ。

9で束ねた糸をすくい、針に糸を反時計まわりにかけて引き締める。1個目にかがったリックラックの、右側の目を、3〜1段目の順に向こう側からすくって刺し始めの位置まで戻る。布の裏で刺し終わりの処理をする（p.27）。

はしごかがり+リックラック

丸い輪かくの中に、はしごかがり (p.62) を半分までかがりその上にリックラック (p.63) を作ります。

はしごかがりを作る

1
丸い輪かくをかがりながら、中の布をカットしたら (p.58)、刺し始めの位置から糸を出す。はしごかがり (p.62) を3段作る。1段目は5個、2段目は6個、3段目は7個かがる。
POINT 1段に何個かがるかは丸い輪かくの大きさに応じてかえる。

リックラックをかがる

2
1の上にリックラック (p.63) を1個かがる。1段目は4個、2段目は3個、3段目は2個、4段目は1個かがる。
POINT 1段に何個かがるかは丸い輪かくの大きさに応じてかえる。

3
リックラックの頂点に近い丸い輪かくの目に針を入れ、糸を下から上に通す。通した糸を下からすくい、からめていく。リックラックの右側の目を、3～1段目の順に向こう側からすくって刺し始めの位置まで戻る。

4
2～**3**を繰り返し、リックラックを3個かがる。布の裏で刺し終わりの処理をする (p.27)。

はしごかがり+ボタンホールスカラップ+リックラック

丸い輪かくの中に、はしごかがり (p.62)、ボタンホールスカラップ (p.59)、リックラック (p.63) を組み合わせてかがり、模様を作ります。

はしごかがりを作る

1
はしごかがり+リックラックの**1**と同様に、はしごかがりを3段作る。

ボタンホールスカラップを作る

2 ボタンホールスカラップ（p.59）の**2**～**4**と同様に、**1**のはしごかがりの幅の1/3の位置に半円状に糸を計2回渡す。
POINT 均一な半円になるように、渡した糸を針で持ち上げて高さを調整する。

3 ボタンホールスカラップ（p.59）の**5**～**9**と同様に、半円状に渡した糸にヒーダボーのボタンホールS（p.57）をかがり、ボタンホールスカラップを1個作る。

リックラックをかがる

4 **3**のボタンホールスカラップの上にリックラック（p.63）をかがり、輪かくに固定する（p.65のはしごかがり＋リックラックの**3**参照）。**2**～**4**を繰り返し、計3個作る。布の裏で刺し終わりの処理をする（p.27）。

ダーニングかがり

丸い輪かくをかがったあと、上下、左右に糸を渡し、8の字に糸を巻きつけて十字架のような模様を作ります。針の動きはハーダンガーのウーブンバー（p.52）と同じです。

糸を縦に渡す

1 中の布をカットしながら、丸い輪かくをかがったら（p.58）、刺し始めの位置から糸を出す。刺し始めの位置の向かい側の輪かくに、上から下に針を入れて糸を引く。

2 輪かくの2針隣のステッチ（☆）に、下から上に針を入れて糸を通したら、向かいのステッチ（★）の上から下に針を入れて糸を通す。

糸をかがる

3 ハーダンガーのウーブンバー（p.52）と同様に、渡した2本の糸を交互にすくい、8の字に糸を巻きつけながら引き締めていく。

4 **3**を繰り返し端までかがる。

糸を横に渡す

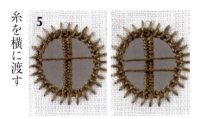

布の裏側から輪かくの目をすくい、**4**と直角になる位置に糸を出す。**1〜2**と同様にして糸を2本渡す。

3〜4と同様に、渡した2本の糸に8の字に糸を巻きつけていく。

6を繰り返し、端までかがる。布の裏で刺し終わりの処理をする（p.27）。

リブドスパイダーウェブ

丸い輪かくをかがった中に、放射状に糸を渡したあと、渡した糸が交差する中心部分を丸くかがって模様を作ります。

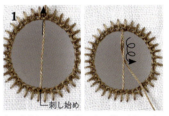

中の布をカットしながら、丸い輪かくをかがったら（p.58）、刺し始めの位置から糸を出す。刺し始めの位置の向かい側の輪かくに、下から上に針を入れて糸を引く。通した糸を下からすくい、端まで糸をからめていく。

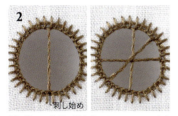

刺し始めの位置に針を上から下に入れ、糸を通したら1本完成。布の裏で輪かくの目をすくい、次の糸を渡す位置から針を出し（p.27）、**1**と同様に糸をからめる。これを計3回行う。

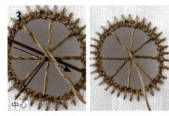

2と同様にもう1回糸を通したら、糸が交差する中心まで糸をからめていく。中心を針で下からすくい、針に糸を反時計まわりにかけて引き締める。
POINT 中心の引き締めかたはドロンワークの結びかがり（p.41）と同じ。

糸をかがる

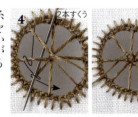

8カ所の糸を、反時計まわりに2本すくう。写真のように数回繰り返してかがり終えたら、**3**で渡した糸に、**1**と同様に糸をからめ、輪かくのキワで刺し終える。布の裏で刺し終わりの処理をする（p.27）。

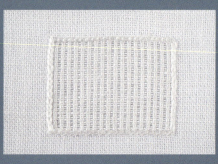

Ajour Embroidery
アジュール

アジュールは、織り糸を抜かずに模様を施していきます。
織り糸に刺繍糸をからめて引き締め、さまざまな模様を作り出します。
少し粗めの布を使い、布の目を正確にカウントしながら刺していきましょう。

アジュールの流れ

〈下準備〉
図案の輪かくを
フリーステッチで刺しておく

〈STEP〉
模様をかがる

まず作りたい図案の輪かくを写し、フリーステッチで刺しておきます。チェーンS（p.73）で刺すのが一般的です。
使用する針 **先のとがった針**

図案の輪かくの中の織り糸に、刺繍糸をからめて引き締め、模様をかがります。本書では、巻きかがり、モックファゴットフィリング、ウィンドウフィリング、スクエアSの4種を紹介します。糸の引く強さを一定にするときれいに仕上がります。
使用する針 **先の丸い針**

STEP.1
模様をかがる

巻きかがり
縦糸3本に刺繍糸を巻きつけて引き締めます。巻きかがったラインが浮き上がり、残りの部分は縦糸を抜いたように見えます。

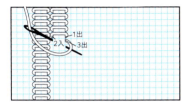

1 模様かがる

布の裏で刺し始めの処理をし（p.27）、布の表を上にする。輪かくのキワから針を出す。
POINT 刺し始め位置はキワならどこでもよい。刺し始めの処理は、糸を出すところに近い位置で。

2

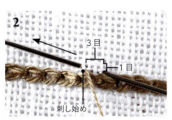

刺し始めの位置より3目右に針を入れ、刺し始めの位置より1目上から針を出す。

3

糸を引く。これで1模様完成。
POINT 巻きかがりをする。アジュールは糸を引き締めることで模様を出す技法。糸をしっかりと引く。

4 1列かがる

2〜3を繰り返し、上方向にかがっていく。

5

巻きかがりを1列終えたところ。

6

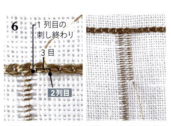

1列かがったら、布の裏で次の列に針を移動させる処理をする（p.27）。2列目は、1列目の刺し終わりより3目右から針を出す。3目左に針を入れ、**2〜5**と同様に下方向にかがっていく。

7 全体をかがる

図案が埋まるまでかがったら、布の裏で刺し終わりの処理をする（p.27）。

モックファゴットフィリング

織り糸4本おきに刺繍糸を2回巻きつけるようにして引き締めます。等間隔に穴ができ、模様が作り出されます。

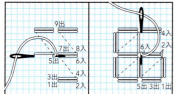

※1出と3入、2入と4入、5出と7出、6入と8入は同じ位置。

1 縦に1模様かがる

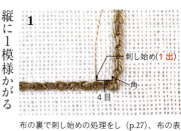

布の裏で刺し始めの処理をし（p.27）、布の表を上にする。輪かくの角より4目左から針を出す。

2

刺し始め（1出）より4目右に針を入れ（2入）、刺し始めの位置から針を出して糸を引く（3出）。

3

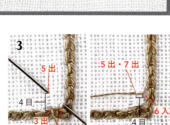

再び2入の位置に針を入れ（4入）、3出より4目右に針を入れて糸を引く（5出）。5出より4目右に針を入れ（6入）、再び5出の位置から針を出して糸を引く（7出）。
POINT 縦糸4本を2回巻きかがったことになる。

4 縦に1列目をかがる

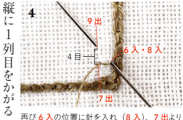

再び6入の位置に針を入れ（8入）、7出より4目上から針を出す（9出）。

5

2～4を繰り返し、図案の輪かくのキワまで縦に1列かがる。
POINT「右に4目戻って針を入れ、元の目から針を出す。再び右に4目戻って針を入れ、左斜め上に針を出す」の繰り返し。

6 輪かくの中を縦にかがる

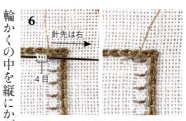

1列かがったら、布の裏で次の列に針を移動させる処理をする（p.27）。2列目は、1列目の刺し終わりの位置より4目左から右方向にかがう。2～5と針を入れる向きを逆（右方向）にして、同様に下方向にかがっていく。

7 横に1模様かがる

図案の中を縦方向にかがったら、今度は横方向にかがる。横方向の刺し始め（1出）は輪かくの角のキワから針を出す。
POINT かがりかたは、縦をすべてかがってから、横に進んでも、縦をかがる途中で横に進んでもOK。

8 刺し始め(1出)より4目上に針を入れ(2入)、刺し始めの位置から針を出して糸を引く(3出)。
POINT 布を右に90度回転させて行えば、縦に模様をかがる動きと同じ動作でできる。

9 再び2入の位置に針を入れ(4入)、3出より縦糸4目左から針を出して糸を引く(5出)。
POINT 横糸4本を2回巻きかがったことになる。

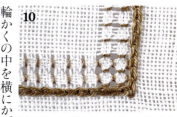

10 9と同様にして輪かくの中を横にかがったら、布の裏で刺し終わりの処理をする(p.27)。
POINT 刺し終わりの処理は最後にかがった部分に近い輪かくで行う。

ウィンドウフィリング

縦糸5本をすくう動作を上下交互に繰り返してかがります。かがった刺繍糸はハの字形になり、繊細なレース模様にしあがります。

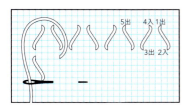

1 模様かがる
布の裏で刺し始めの処理をし(p.27)、布の表を上にする。図案の輪かくより2目左から針を出す(1出)。刺し始めより2目右、4目下から針を入れ(2入)、左方向に5目すくって針を出す(3出)。

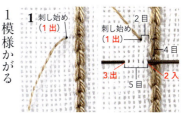

2 3出から2目右、4目上から針を入れ(4入)、左に5目すくって針を出す(5出)。
POINT 上下に針を移動させながら、進行方向に5目ずつすくっていくのが基本動作。

3 1列かがる 1列かがったら、布の裏で次の列に針を移動させる処理をする(p.27)。2列目は、1列目の刺し終わりの位置より2目右、5目下から針を出す。
POINT 1と同様。

4 輪かくの中をかがる つづいて、2目左、4目上から針を入れ、右方向に5目すくって針を出す。1〜4と同様にして、輪かく内をすべてかがったら、布の裏で刺し終わりの処理をする(p.27)。
POINT 2列目は1列目と対称の模様になる。

スクエアステッチ

6目×6目が1模様分になります。四方に刺繍糸をからめ、2目ずつまとめて模様を作ります。

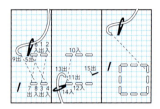

1模様かがる

布の裏で刺し始めの処理をし (p.27)、布の表を上にする。輪かくの角より2目左、6目上から針を出す。刺し始め (1出) より2目右から針を入れ (2入)、刺し始め (1出) より6目下から針を出す (3出)。

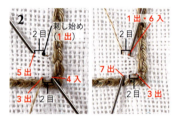

3出から2目右に針を入れ (4入)、刺し始め (1出) より2目左から針を出す (5出)。5出から2目右に針を入れ (6入)、3出の2目左から針を出す (7出)。
Point 布の裏では刺繍糸がクロスする。

2をもう1回繰り返す。
Point 右に2目戻って針を入れ、斜め上 (または斜め下) から針を出す動作が基本。

11出から2目右に針を入れ (12入)、11出の2目上から針を出す (13出)。
Point (13出) は正方形の模様の縦の辺をかがる刺し始めになる。

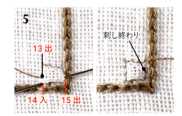

13出の2目下に針を入れ (14入)、13出の6目右から針を出す (15出)。1〜3の要領で、左右交互に3回行う。これで1模様完成。
Point 布を右に90度回転させて行えば、4〜5は1〜3と同じ動作でできる。

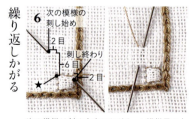

繰り返しかがる

次の模様は斜め方向にかがる。1模様目の上の角 (★) の6目上、2目左から針を出す。これが次の模様の刺し始めになる。

1〜6と同様にして斜めに1列かがったら、布の裏で次の列に針を移動させる処理をする (p.27)。2列目は、1列目の刺し終わりの位置より8目右、4目下から針を出す。図案が埋まるまでかがったら、布の裏で刺し終わりの処理をする (p.27)。

BASIC STICHES
この本で使うフリーステッチ

ランニングステッチ・ダブルランニングステッチ

ダブルランニング S はランニング S の目の間にもう一度ランニング S を刺す。

アウトラインステッチ・アウトラインフィリング
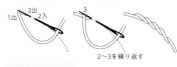

アウトラインフィリングはアウトライン S を並べて刺す。

バックステッチ
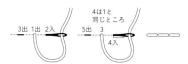

フライステッチ

ロング&ショートステッチ
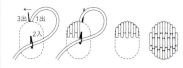

サテンステッチ
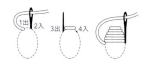

フレンチ・ノットステッチ
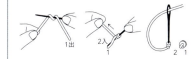

ボタンホールステッチ

一般的なボタンホールステッチ

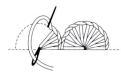
丸く刺すボタンホールステッチ

レイジーデイジーステッチ
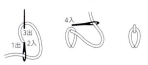

ヘリンボーンステッチ
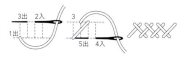

チェーンステッチ

コーラルステッチ

スミルナステッチ
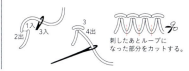
刺したあとループになった部分をカットする。

アン (p.4) 〈使う技法〉ハーダンガー(p.46)

〈材料〉

- 布
  リネンテープ（11目／1cm・幅6cm・ホワイト）……2m 長さを1本
- 刺繡糸
  DMC アブローダー ホワイト(B5200) ♯8、♯12
- その他
  しつけ用のミシン糸、麦わら帽子

〈作りかた〉

1 リネンテープに 刺繡配置 、 図案 を参考に刺繡する。先端は刺繡したあと、輪かくに沿って布をはさみで切る。
2 1を市販の麦わら帽子に結ぶ。

図案

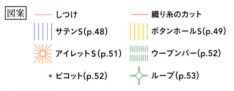

使用する糸

サテンS、ボタンホールSの糸は#8を、それ以外は#12を使用。

A

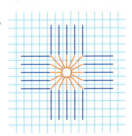

B

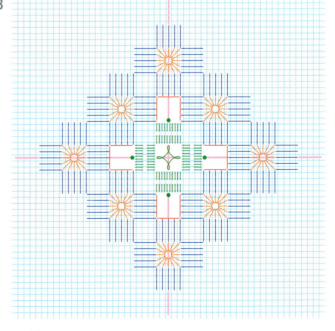

刺繡配置

中央　図案B (p.74)　図案A (p.74)　先端　図案C

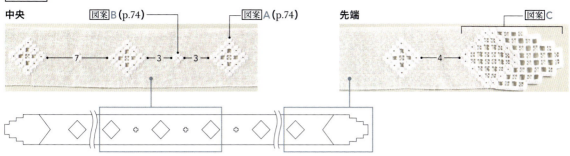

C

ヘスター (p.5) 〈使う技法〉ドロンワーク (p.36)、フリーステッチ (p.73)

〈材料〉

◆ 布
　リネン（12目／1cm・ホワイト）……20×20cmを5枚
　フェルト（グレー）……20×20cmを5枚

◆ 刺繍糸
　DMC アブローダー ホワイト（Blanc）♯20、♯25
　DMC パールコットン ホワイト（Blanc）♯8
　DMC 25番刺繍糸 ホワイト（Blanc）

◆ その他
　グログランリボン（幅15mm・ホワイト）3cm長さを10本、
　サテンリボン（幅5mm・アイボリー）100cm長さを1本

〈作りかた〉

1 刺繍配置 を参考に、リネンにそれぞれ刺繍する。
2 1を輪かくに沿ってカットする。
3 裏にし、上部の両端にグログランリボンを輪にして縫いとめる。
4 フェルトを2と同寸法に沿ってカットする。
5 3の上からフェルトを縫いとめる。
6 上部にそれぞれサテンリボンを通してつなげる。

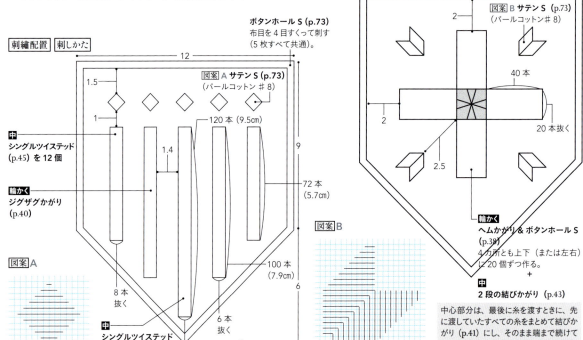

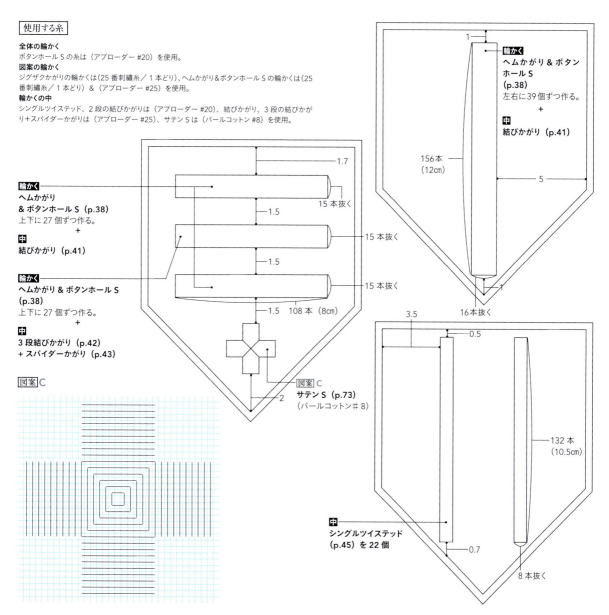

ジョージアナ (p.6) 〈使う技法〉ハーダンガー(p.46)、ビーダボー(p.56)、フリーステッチ(p.73)

〈材料〉

ストールピン

◆ 布
リネン（14目／1cm・ホワイト）……10×10cmを1枚
フェルト（ネイビー）……5×5cmを1枚

◆ 刺繍糸
DMC アブローダー ホワイト（Blanc）♯16、♯25、♯30
DMC ラメ糸 ゴールド（E677）

◆ その他
ハットピン金具（丸皿カンつき・チェーン2本つき・シルバー）、Cカン（0.5×2×3mm・シルバー）を4個、接着剤

ピアス

◆ 刺繍糸
DMC アブローダー ホワイト（Blanc）♯16、♯30

◆ その他
ノンホールピアス金具（カンつき・クリア）を1ペア、樹脂パール（10mm、4mm・ホワイト）を各1個、Tピン（0.5×20mm・シルバー）を2本、丸カン（0.7×3.5mm・シルバー）を2個、Cカン（0.5×2×3mm・シルバー）を5個

〈作りかた〉

ストールピン

1 リネンに型紙を写し、刺繍する。
2 1を輪かくに沿ってカットする。
3 フェルトを型紙に沿ってカットする。
4 2を3のフェルトの中央に縫いとめ、周囲にチェーンS（p.73）を刺す。
5 刺繍配置を参考に、ビーダボーリング（p.61）を作る。
6 4をハットピン金具の皿に接着剤で貼りつける。
7 5で作ったビーダボーリング2本の両端にそれぞれCカンを通したら、ハットピン金具のキャッチのカンとピンにつなぐ。

ピアス

1 刺しかたを参考に、ビーダボーリングを作る。
2 1をピアス金具にCカンと丸カンでつなぐ。
3 Tピンをパール2個にそれぞれ通して先端を丸める。パール（4mm）を2のビーダボーリング（直径3mm）の下部に、パール（10mm）をビーダボーリング（直径8mm）の下部にそれぞれCカンでつなぐ。

型紙
※125%に拡大して使用。

外側の布（フェルト）
内側の布（リネン）

刺繍配置 **刺しかた**

ストールピン

- チェーンS（p.73）（ゴールド E677／1本どり）
- ボタンホールS（p.73）（アブローダー♯25）布目を3目すくって刺す。
- ビーダボーリング（p.61）（アブローダー♯16）直径7mm（芯部分糸6回巻き）を7個×1本（アブローダー♯30）直径3mmを10個×1本

ピアス

- ビーダボーリング（p.61）（アブローダー♯30）直径3mm（芯部分糸4回巻き）を3個、5個、9個ずつ連ねたものを各1本
- ビーダボーリング（p.61）直径3mm（芯部分糸4回巻き）を2個（アブローダー♯30）と直径8mm（芯部分糸8回巻き）を1個（アブローダー♯16）を連ねたもの1本

図案

━━	しつけ
━━	織り糸のカット
‖‖‖	サテンS(p.48)
‖‖‖	ウーブンバー(p.52)
✕	ロールS(p.54)

使用する糸
全て♯25を使用。

キャサリン (p.9) 〈使う技法〉シュバルム (p.28)、ハーダンガー (p.46)、フリーステッチ (p.73)

〈材料〉

◆ 布
リネン（14目／1cm・ホワイト）……30×30cmを1枚
コットン（ホワイト）……30×30cmを1枚※
※内布としてして使用。

◆ 刺繡糸
DMC アブローダー（Blanc）♯20、♯25
DMC 25番刺繡糸 ホワイト（Blanc）、オリムパス25番刺繡糸 ホワイト（850）

◆ その他
刺繡枠（直径18cm）、厚紙（直径18cmに切ったもの）、時計のムーブメントと針

|刺繡配置| |図案| |刺しかた|

※ 200%に拡大して使用。
※（3-1）は「織り糸3本残して1本抜く」を示す。

サテンS (p.48)　アイレットS (p.51)

|使用する糸|

サテンSの糸は（アブローダー♯20）を、
アイレットSの糸は（アブローダー♯25）を使用。

〈作りかた〉

1 リネンに|刺繡配置|、|図案|、|刺しかた|を参考に刺繡する。
2 1の下に内布を重ね、刺繡枠にはめる。
3 刺繡枠を裏返し、中央に時計のムーブメントを取りつけたら、厚紙を台紙としてはめ込む。
4 表から中央の穴（ヒーダボーの丸い輪かく）に時計の針を入れ、ムーブメントに固定する。

コーラルS (p.73)
（アブローダー♯20）

チェーンS (p.73)
（アブローダー♯25）

モスキートS (p.35)
（アブローダー♯25）
横糸のみ (2-1)

ロング&ショートS (p.73)
（オリムパス25番刺繡糸／2本どり）

ロング&ショートS (p.73)
（DMC25番刺繡糸／1本どり）

ワッフルS (p.36)
（アブローダー♯25）
横糸のみ (3-1)

アウトラインフィリング (p.73)
DMC25番刺繡糸／1本どり

ヒーダボーの丸い輪かく (p.58)
（アブローダー♯25）

スターローズS (p.32)
（アブローダー♯25）
(4-1)

ワッフルS (p.36)
（アブローダー♯25）
横のみ (3-1)

|つけね|
ストレートS (p.73)
（オリムパス25番刺繡糸／1本どり）

|先端|
ストレートS (p.73)
（DMC25番刺繡糸／1本どり）

ムーブメント

リネン（刺繡した布）　台紙

台紙はムーブメントのサイズに中央をカットし、裏側で布を押さえるようにしっかりとはめる。

イザベラ (p.8) 〈使う技法〉アジュール (p.68)、フリーステッチ (p.73)

〈材料〉

作品A、B共通

◆ 布
　リネンテープ（11目／1cm・幅8cm・ホワイト）
　……35cm長さを1本
　フェルト（オフホワイト）……20×20cmを1枚

◆ 刺繍糸
　DMC アブローダー ホワイト（Blanc） ♯20、♯30

◆ その他
　手縫い糸

〈作りかた〉

作品A
1 リネンテープに 図案 、 刺しかた を参考に刺繍する。
2 フェルトを 型紙 に沿って切る。2枚作る。
3 2のフェルト2枚を合わせ、側面と底を縫い合わせる。

側面　　　　　底

4 3のフェルトのまわりに1を巻き、端を縫い合わせる。

作品B
　作品Aと同様に作る。

仕上がり見本

作品A（カメレオン）

正面　　　　　側面　　　　　背面

作品B（ワニ）

正面　　　　　側面　　　　　背面

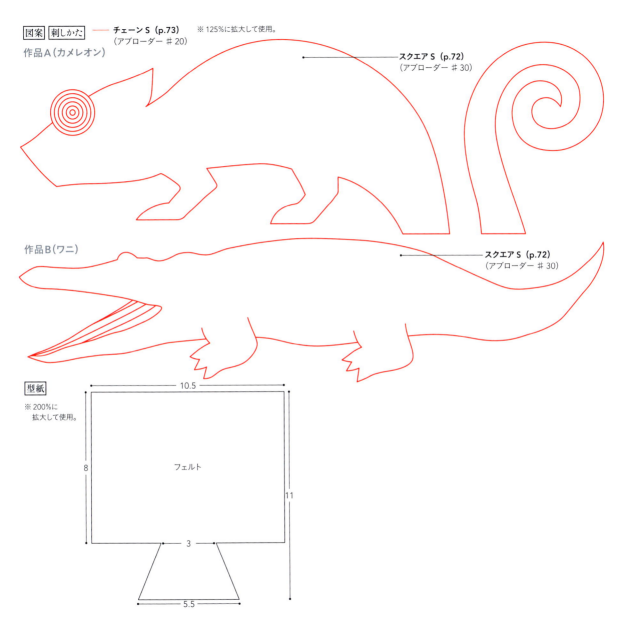

エリザベス (p.10) 〈使う技法〉ヒーダボー (p.56)

〈材料〉
- 刺繍糸
  DMC アブローダー ホワイト（Blanc）♯25
- その他
  市販のリネン（ホワイト）の日傘

〈作りかた〉
1 刺繍配置、刺しかたを参考に市販の日傘の張り地に刺繍する。

刺繍配置 刺しかた

※ⒶⒷⒸⒹⒺⒶⒷⒸⒹⒻの順番で繰り返し、計30個刺繍する。
※図案の輪かくはすべてヒーダボーの丸い輪かく (p.58)。

Ⓐ リックラック（p.63）
直径 1.8cm

Ⓑ 2段のはしごかがり(p.63)
直径 1.2cm

Ⓒ ダーニングかがり (p.66)
直径 1.2cm

Ⓓ リブドスパイダーウェブ
(p.67)
直径 1.8cm

Ⓔ はしごかがり＋ボタンホール
スカラップ＋リックラック (p.65)
直径 2.5cm

Ⓕ はしごかがり＋リックラック
(p.65)
直径 2.5cm

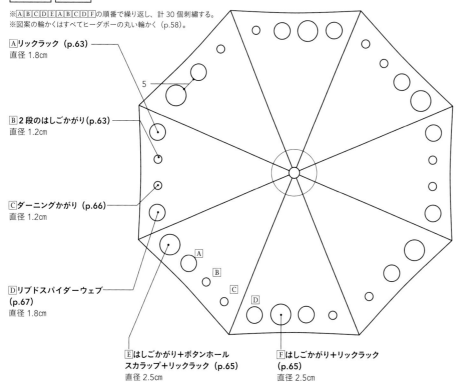

シェヘラザード (p.14)　〈使う技法〉ドロンワーク (p.36)

〈材料〉

◆ 布
　リネン（12目／1cm・ホワイト）……12×22cm（バイアスでカットしたもの）を1枚、12×16cmを1枚、12×11cmを1枚
　リネン（パープル）……18×21cmを1枚

◆ 刺繍糸
　DMC アブローダー ホワイト（Blanc）♯20

◆ その他
　タッセル（ホワイト）を1個、ハーブなど（アイピローの内袋の中に入れるもの）

刺繍配置　刺しかた
※布はバイアスで使用。

〈作りかた〉

1 内袋を作る。リネン（パープル）を中表にして縦に折る。返し口を残し、端を縫う。表に返し、ハーブなどを入れ、返し口を閉じる。

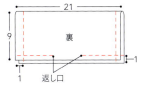

2 刺繍配置、刺しかたを参考に、リネン（12×22cm）に刺繍する。

3 外袋を作る。リネン2枚（12×16cm、12×11cm）の4辺をかがり縫いをして処理したら、イラストのように折って端を縫う。

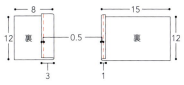

4 2、3の3枚の布をイラストのように中表にして重ね、一周縫う。

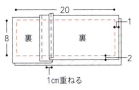

5 表に返し、角にタッセルを縫いとめる。1を中に入れて完成。

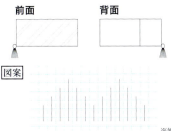

エウリディーチェ (p.12) 〈使う技法〉シュバルム (p.28)、アジュール (p.68)、フリーステッチ (p.73)

〈材料〉

作品A（ゾウ）

◆ 布
リネン（12目／1cm・ホワイト）……20×20cmを1枚
コットン（生成り）……15×9cmのオーバル形を1枚※
※内布としてして使用。

◆ 刺繍糸
DMC アブローダー ホワイト（Blanc）♯20、♯25
DMC パールコットン ホワイト（Blanc）♯12
DMC ディアマント ブロンズ（D301）
DMC25番刺繍糸 ホワイト（Blanc）

◆ その他
刺繍枠（15×9cmのオーバル形）、縫い糸

作品B（シカ）

◆ 布
リネン（12目／1cm・ホワイト）……20×20cmを1枚
コットン（生成り）……直径12cmの円を1枚※
※内布としてして使用。

◆ 刺繍糸
DMC アブローダー ホワイト（Blanc）♯20、♯25
DMC ラメ糸 ゴールド（E677）
DMC ディアマント シルバー（D168）
DMC25番刺繍糸 ホワイト（Blanc）

◆ その他
刺繍枠（直径12cm）、縫い糸

作品C（ウマ）

◆ 布
リネン（12目／1cm・ホワイト）……20×30cmを1枚
コットン（生成り）……22.5×15cmのオーバル形を1枚※
※内布としてして使用。

◆ 刺繍糸
DMC アブローダー ホワイト（Blanc）♯20、♯25
DMC パールコットン ホワイト（Blanc）♯12
DMC ディアマント シルバー（D168）
DMC ディアマント ブロンズ（D301）
DMC25番刺繍糸 ホワイト（Blanc）

◆ その他
刺繍枠（22.5×15cmのオーバル形）、縫い糸

〈作りかた〉

作品A、作品B、作品C共通
1 リネンに 図案、刺しかた を参考に刺繍する。
2 内布を **1** の裏側に重ね、刺繍枠にはめる。
3 刺繍枠からはみ出した部分を裏側でぐし縫いする。

図案　刺しかた　仕上がり見本　※ゾウ、シカ、ウマは125％に拡大して使用。
※（3-1）は「織り糸を3本残して1本抜く」を示す。

作品A（ゾウ）

── コーラルS（p.73）
（アブローダー Blanc ♯20）頭、背中の一部（ディアマント D301）

── チェーンS（p.73）
（アブローダー Blanc ♯25）

── アウトラインフィリング（p.73）
（パールコットン Blanc ♯12）

モックファゴットフィリング（p.70）
（25番刺繍糸／1本どり）

ワッフルS（p.36）
（アブローダー Blanc ♯25）
横糸のみ（3-1）

ヘリンボーンS（p.73）
（ディアマント D301）

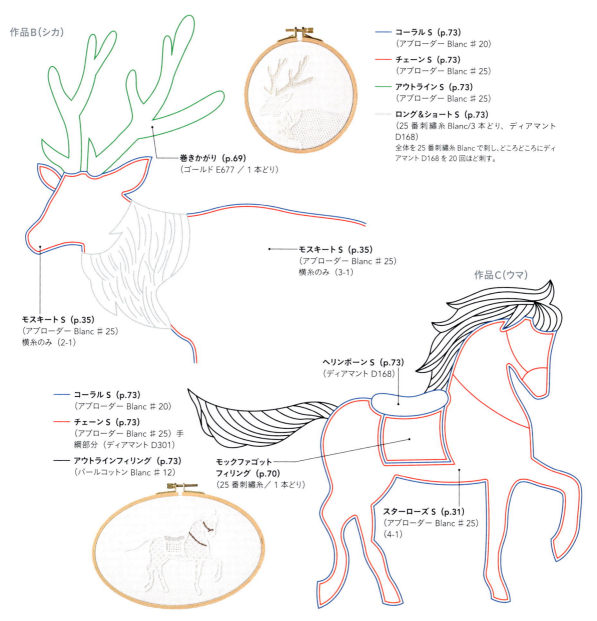

ジジ (p.15) 〈使う技法〉ヒーダボー (p.56)

〈材料〉

◆ 布
リネン（目の詰まったもの・ホワイト）……15×20cmを2枚
リネン（ブラウン）……15×12.5cmを4枚

◆ 刺繍糸
DMC アブローダー ホワイト（Blanc）♯25

◆ その他
縫い糸、ベルベットリボン（幅12mm・ブラウン）40cm長さを2本、ドライハーブなど

刺繍配置　型紙　刺しかた

〈作りかた〉

1 リネン（ホワイト）を型紙に沿ってカットする。
2 刺繍配置、刺しかたを参考に、リネン（ホワイト）に刺繍する。周囲は1cm折り込んで刺繍する。
3 リネン（ブラウン）を輪かくに沿ってカットする。
4 3のリネン（ブラウン）を2枚ずつ中表にして縫い合わせる。

5 4のふちを折り返し、端を1周縫う。

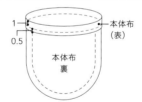

6 5を表に返したら、2のリネン（ホワイト）の端を2cm折り、返し口をはさむようにして重ね、重ねたところを内側から縫いとめる。中にドライハーブなどを入れ、上部をリボンで結ぶ。

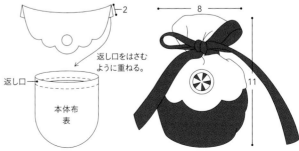

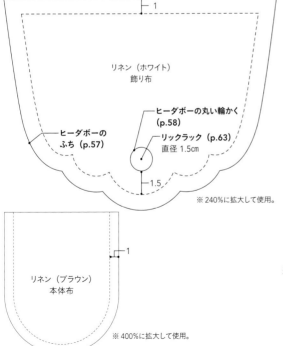

※240%に拡大して使用。

※400%に拡大して使用。

ルイーズ (p.16) 〈使う技法〉フリーステッチ (p.73)

〈材料〉

◆ 刺繍糸
　アンカー 25 番刺繍糸 グレー（397）
　オリムパス 25 番刺繍糸　ホワイト（801）

◆ その他
　目の詰まった市販のリネンのハンカチ（ホワイト）

〈作りかた〉

1　リネンのハンカチに図案、刺しかたを参考に刺繍する。

図案　刺しかた　※170%に拡大して使用。

― アウトラインS（p.73）
（アンカー 25 番刺繍糸／2 本どり）

≡ アウトラインフィリング（p.73）
（オリムパス 25 番刺繍糸／2 本どり）

✕✕✕ ヘリンボーンS（p.73）
（オリムパス 25 番刺繍糸／2 本どり）

≫≫≫ フライS（p.73）
（オリムパス 25 番刺繍糸／2 本どり）

○○○○ フレンチ・ノットS（p.73）
（オリムパス 25 番刺繍糸／2 本どり）（2 回巻き）

//// サテンS（p.73）
（オリムパス 25 番刺繍糸／2 本どり）

ハリエット (p.18) 〈使う技法〉ハーダンガー (p.46)

〈材料〉

作品A
- 布
  リネン（11目／1cm・ホワイト）……15 × 15cmを1枚

作品B
- 布
  リネン（11目／1cm・生成り）……15cm × 15cmを1枚

作品A、B共通
- 刺繍糸
  DMC パールコットン ホワイト（Blanc）♯8、♯12
- その他
  しつけ用のミシン糸、サテンリボン（幅4mm・ブラウン）
  15cm長さを1本

[使用する糸]
サテンS、ボタンホールSの糸は♯8を、それ以外は♯12を使用。

〈作りかた〉

作品A
1 リネン（ホワイト）に[図案]を参考に刺繍する。
2 上部に刺したアイレットS（p.51）の穴にリボンを固定する。

アイレットS (p.51)　リボンを輪にして通す

作品B
作品Aと同様に作る。

[図案]
- ── しつけ
- ── 織り糸のカット
- |||| サテンS (p.48)
- |||| ボタンホールS (p.49)
- ✺   アイレットS (p.51)
- |||| ウーブンバー (p.52)
- •   ピコット (p.52)
- ◇   ループ (p.53)
- ╋   ツイステッドクロス (p.52)

作品A

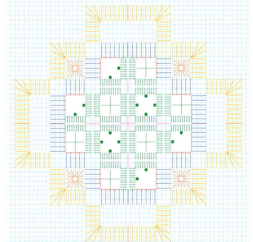

作品B

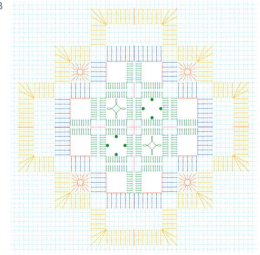

クリステル (p.20) 〈使う技法〉フリーステッチ (p.73)

〈材料〉
- 毛糸
  アンカー タペストリーウール ホワイト（8004）
  アンカー タペストリーウール ホワイト（8006）
- その他
  市販のカーディガン（ホワイト）

〈作りかた〉
刺繍配置、刺しかたを参考にカーディガンに刺繍する。

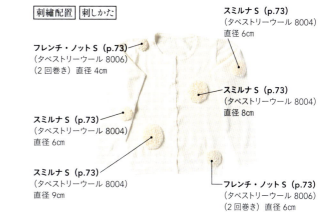

刺繍配置　刺しかた

フレンチ・ノット S (p.73)
（タペストリーウール 8006）
（2回巻き）直径 4cm

スミルナ S (p.73)
（タペストリーウール 8004）
直径 6cm

スミルナ S (p.73)
（タペストリーウール 8004）
直径 6cm

スミルナ S (p.73)
（タペストリーウール 8004）
直径 8cm

スミルナ S (p.73)
（タペストリーウール 8004）
直径 9cm

フレンチ・ノット S (p.73)
（タペストリーウール 8006）
（2回巻き）直径 6cm

セシル (p.21) 〈使う技法〉フリーステッチ (p.73)

〈材料〉
- 刺繍糸
  DMC25番刺繍糸（01）
- その他
  市販のコットンのカットソー（ホワイト）

〈作りかた〉
刺繍配置、図案、刺しかたを参考にカットソーに刺繍する。
図案　刺しかた　※200%に拡大して使用。

A
バック S (p.73)
（2本どり）

B
フレンチ・ノット S (p.73)
（2本どり）（2～3回巻き）

C

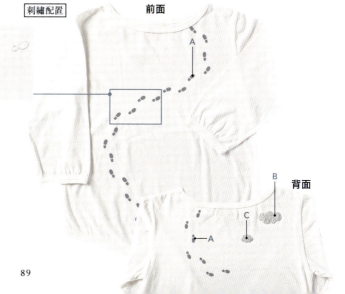

刺繍配置　前面　背面

ケイティ (p.19) 〈使う技法〉シュバルム (p.28)、ドロンワーク (p.36)、ヒーダボー (p.56)、フリーステッチ (p.73)

〈材料〉

作品A(大)
◆ 布
　リネン（14目／1cm・ホワイト）……20×20cmを1枚
　コットン（目の詰まったもの・ホワイト）
　……67×35cmを2枚
◆ 刺繍糸
　DMC アブローダー ホワイト（Blanc）♯16、♯20、♯25
◆ その他
　縫い糸、パールビーズ（3mm・ホワイト）を11個

作品B(中)
◆ 布
　リネンテープ（11目／1cm・幅8cm・ホワイト）
　……55cm長さを1本
　コットン（目の詰まったもの・ホワイト）
　……49×27cmを2枚
◆ 刺繍糸
　DMC アブローダー ホワイト（Blanc）♯16、♯20
　DMC 25番刺繍糸 ホワイト（Blanc）
◆ その他
　縫い糸

作品C(小)
◆ 布
　コットン（目の詰まったもの・ホワイト）
　……31×19cmを2枚
◆ 刺繍糸
　DMC アブローダー ホワイト（Blanc）♯16
◆ その他
　縫い糸

〈作りかた〉

作品A(大)
1 コットン1枚のふち（35cm長さ側）の一方を裏側に1cm折り、刺しかたを参考にヒーダボーのふち (p.57) を刺す。

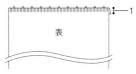

2 リネンに図案を参考に、ランジェリーのモチーフを刺繍する。
3 刺繍配置を参考に1に2を縫いつける。リネンの端を折り込んでオーバル形にし、表から見えないように折り返し部分をコの字閉じで縫いつける。

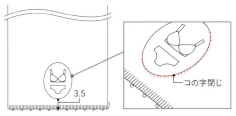

4 3で縫いつけたリネンのまわりを一周、刺しかたを参考にボタンホールS (p.73) を刺す。
5 仕立てかたを参考に、4ともう1枚のコットンでポーチを仕立てる。

作品B(中)
1 リネンテープに刺繍配置、刺しかたを参考に刺繍する。
2 1をコットンの一方の中央に、縦に縫いつける。
3 2で縫いつけたリネンテープの両端に、刺しかたを参考に丸く刺すボタンホールS (p.73) を1列ずつ刺繍する。
4 仕立てかたを参考に、3ともう1枚のコットンでポーチを仕立てる。

作品C(小)
1 作品A(大)同様、コットン1枚のふち（19cm長さ側）の一方を裏側に1cm折る。両端をぬいしろ分1cmずつ残して、刺しかたを参考にボタンホールスカラップ (p.59) を刺す。
2 仕立てかたを参考に、1ともう1枚のコットンでポーチを仕立てる。

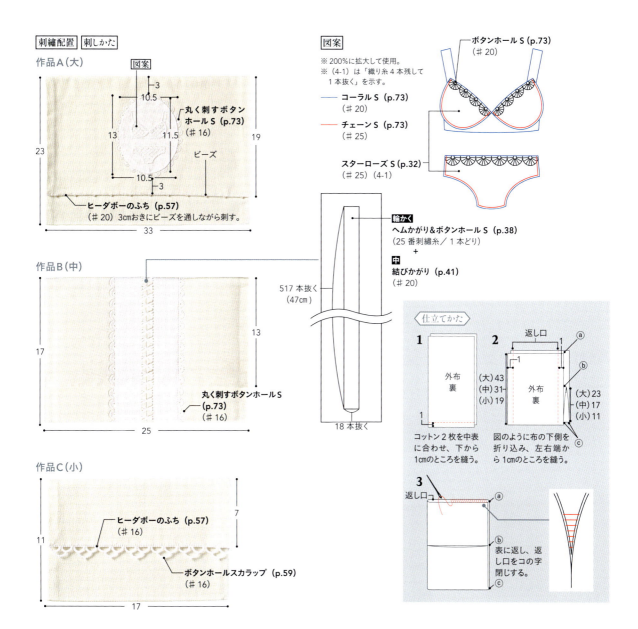

エミリー (p.22) 〈使う技法〉シュバルム (p.28)

〈材料〉

作品A
◆ 布
　リネン（12目／1cm・ホワイト）……9×15cmを1枚、35×15cmを1枚
　フェルト（ピンク）……19×13cmを1枚

作品B
　リネン（12目／1cm・ホワイト）9×15cmを1枚、35×15cmを1枚
　フェルト（グレー）……19×13cmを1枚

作品A、B共通
◆ 刺繍糸
　DMC アブローダー ホワイト（Blanc） ♯16、♯20、♯25
◆ その他
　縫い糸、ワイヤー（直径1cm、長さ30cm）、サテンリボン（幅5mm・ピンクまたはブラック）50cm長さを1本、ドライハーブなど

刺繍配置　刺しかた　※(3-1)は「織り糸を3本残して1本抜く」を示す。

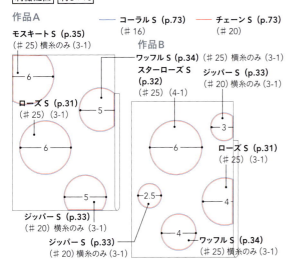

作品A
── コーラル S (p.73) (♯16)　── チェーン S (p.73) (♯20)
モスキート S (p.35) (♯25) 横糸のみ (3-1)
ローズ S (p.31) (♯25) (3-1)
ジッパー S (p.33) (♯20) 横糸のみ (3-1)

作品B
ワッフル S (p.34) (♯25) 横糸のみ (3-1)
スターローズ S (p.32) (♯25) (4-1)
ジッパー S (p.33) (♯20) 横糸のみ (3-1)
ローズ S (p.31) (♯25) (3-1)
ジッパー S (p.33) (♯20) 横糸のみ (3-1)
ワッフル S (p.34) (♯25) 横糸のみ (3-1)

〈作りかた〉

作品A

1　リネン(35×15cm)の布に、刺繍配置、刺しかたを参考に刺繍をする。
2　2枚のリネンの布を図のように折る。

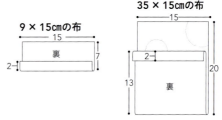

3　1を図のように中表に合わせ、上部を左右6cmずつ縫い（中央3cmはあけておく）、さらに両わきを縫う。

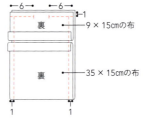

4　表に返し、返し口からフェルトとドライハーブを入れる。ワイヤーを折り曲げてハンガー形にしたら、返し口から上部の穴に通す。

ワイヤーを図のように折り曲げ、先端をフック部分のつけねに巻きつける。

5　フックのつけねにリボンを結ぶ。

作品B
　作品Aと同様に作る。

ジェーン (p.25)   〈使う技法〉アジュール (p.68)

〈材料〉

作品 A、B 共通
◆ 布
　リネン（11 目／ 1cm・ホワイト）……15 × 15cm を各 1 枚
　フェルト（白）、コットン（グレー）……直径 5.5cm にカットしたものを 1 枚

◆ 刺繡糸
　DMC アブローダー ホワイト（Blanc）♯ 16
　DMC25 番刺繡糸 ホワイト（Blanc）

作品A
◆ その他
　ベルベットリボン（幅 36mm・ネイビー）120cm 長さを 1 本、60cm 長さを 1 本、縫い糸、くるみボタン土台（直径 5cm）を 1 個、ブローチ金具を 1 個、接着剤

作品B
◆ その他
　ベルベットリボン（幅 24mm・イエローオーカー）110cm 長さを 1 本、ベルベットリボン（幅 2.5cm・グレー）30cm 長さを 1 本、縫い糸、くるみボタン土台（直径 5cm）を 1 個、ブローチ金具を 1 個、接着剤

|刺繡配置| |刺しかた|

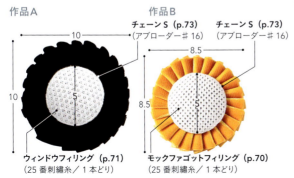

作品A
ウィンドウフィリング (p.71)
（25 番刺繡糸／ 1 本どり）

作品B
モックファゴットフィリング (p.70)
（25 番刺繡糸／ 1 本どり）

チェーンS (p.73)
（アブローダー♯ 16）

〈作りかた〉

作品A

1　リネンにチャコペンで直径 5.5cm の円の輪かくを描いたら、|刺しかた|を参考に、輪かくをチェーン S（p.73）、内側にアジュールの模様を刺繡する。

2　**1**の布とくるみボタン土台の間に内布をはさんで包み、裏側をぐし縫いしてとめる。このとき、**1**で刺したチェーン S（p.73）がくるみボタンのふちにそうようにする。

3　長いほうのリボンを丸くひだになるように折り、縫いとめる。

4　短いほうのリボンを 2 つ折りにして **3** の裏側の中央に縫いつける。リボンは好みの長さにカットしてよい。

5　**4** を表にし、中央に **2** を接着剤で貼りつける。

6　フェルトの中央 2 カ所に縦に切り込みを入れ、ブローチ金具を通して接着剤でとめる。

7　**5** の裏側のリボンを縫いつけたところを隠すように **6** を接着剤で貼りつける。

作品B
作品 A と同様に作る。

シャーロット (p.23) 〈使う技法〉ヒーダボー(p.56)

〈材料〉

ツールケース

◆ 布
リネン（目の詰まったもの／ホワイト）……18 × 26cmを1枚、10.5 × 26cmを1枚
リネン（目の詰まったもの／水色）……18 × 26cmを1枚

◆ 刺繍糸
DMC アブローダー ホワイト（Blanc）♯20、♯25

◆ その他
グログランリボン（幅 5mm・アイボリー）60cm長さを1本、縫い糸

ピンクッション

◆ 布
リネン（目の詰まったもの／ホワイト）……4.5 × 18cmを1枚、20 × 20cmを1枚
リネン（目の詰まったもの／水色）……8 × 18cmを1枚、10 × 10cmを1枚

◆ 刺繍糸
DMC アブローダー ホワイト（Blanc）♯25

◆ その他
セルクル（直径 5cm）、縫い糸、綿、両面テープ

〈作りかた〉

ツールケース

1 2枚のリネン（ホワイト・18 × 26cm、10.5 × 26cm）にそれぞれ 刺繍配置 、 刺しかた を参考に刺繍する。

2 1のリネン（10.5 × 26cm）とリネン（水色）を図のように重ね、ポケットの口を残し、両わきと底を縫う。

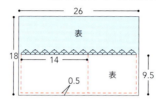

3 1のリネン（ホワイト・18 × 26cm）と2を中表にして重ね、間にリボンをはさみ、返し口を残して縫う。

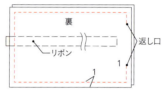

4 表に返して、返し口を閉じる。

グレートヒェン (p.24) 〈使う技法〉ヒーダボー(p.56)、フリーステッチ(p.73)

〈材料〉

◆ 刺繍糸
アップルトンクルウェルエール ホワイト（991）
DMC アブローダー ホワイト（Blanc）♯20

◆ その他
市販のリネンのブラウス（ホワイト）

〈作りかた〉

1 ブラウスのえりに 図案 、 刺繍配置 、 刺しかた を参考に刺繍する。

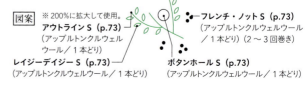

ピンクッション
1 2枚のリネン（上部／20×20cm、側面／4.5×18cm）にそれぞれ 刺繍配置 、 刺しかた を参考に刺繍する。
2 セルクルの内側に両面テープを貼り、外側の側面にリネン（水色・8×18cm）を巻き、上下を折り込んでとめる。
3 2の上部に、1で刺繍したリネン（側面／4.5×18cm）を巻きつける。両端は1cmずつ内側に折り込んで縫い合わせる。上部のみ1.5cm、セルクルの内側に折り込み、両面テープでとめる。
4 1のリネン（20×20cm）の下にリネン（水色・10×10cm）を重ねて綿を包み、端をぐし縫いして引きしめる。
5 4を、刺繍面を上に出して、3に詰める。

刺繍配置 刺しかた ※ふちはヒーダボーのふち（p.57）、輪かくはヒーダボーの丸い輪かく（p.58）。

ツールケース

外側

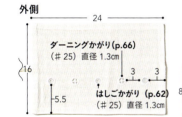

内側

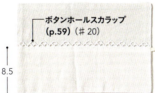

ピンクッション

上部

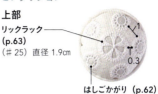

リックラック (p.63)
（♯25）直径1.9cm

はしごかがり (p.62)
（♯25）直径1.3cm

側面

ボタンホールスカラップ (p.59)（♯25）

刺しかた 前面
刺繍配置

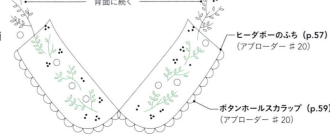

背面に続く

ヒーダボーのふち (p.57)
（アブローダー♯20）

ボタンホールスカラップ (p.59)を1段
（アブローダー♯20）

背面

PROFILE

笑う刺繍 中野聖子

刺繍作家。白糸刺繍教室「白い針仕事」主宰。
ホワイトワークに魅せられ刺繍を始める。講師資格取得後、教室、作家活動を開始。現在は吉祥寺のアトリエを中心に、代官山など都内数カ所で教室を展開。企業カタログの装丁や手芸雑誌など寄稿も多数行う。

www.warau-embroidery.com/
warau_embroidery

はじめての白糸(しろいとししゅう)刺繍
ホワイトワークで つむぐ くらしの小物(こもの)

2019年7月1日　第1刷発行

著　者	中野聖子(なかのせいこ)
発行者	中村　誠
印刷所	図書印刷株式会社
製本所	図書印刷株式会社
発行所	株式会社日本文芸社
	〒101-8407　東京都千代田区神田神保町1-7
	TEL 03-3294-8931（営業）03-3294-8920（編集）

Printed in Japan　112190613-112190613 Ⓝ 01（200017）
ISBN978-4-537-21703-2
URL https://www.nihonbungeisha.co.jp/
Ⓒ Seiko Nakano 2019

印刷物のため、作品の色は実際と違って見えることがあります。ご了承ください。
本書の一部、または全部をホームページに掲載したり、本書に掲載された作品を複製して店頭やネットショップなどで無断で販売することは、著作権法で禁じられています。
乱丁・落丁本などの不良品がありましたら、小社製作部宛にお送りください。送料小社負担にておとりかえいたします。法律で認められた場合を除いて、本書からの複写・転載（電子化を含む）は禁じられています。また、代行業者等の第三者による電子データ化及び電子書籍化は、いかなる場合も認められていません。
（編集担当：角田）

スタッフ

撮影	横田裕美子(STUDIO BAN BAN)
	天野憲仁（株式会社日本文芸社）
スタイリング	ダンノマリコ
デザイン	境田真奈美＋望月昭秀（株式会社 nilson）
図案	坂川由美香（AD・CHIAKI）
執筆協力	前田明子
編集	三好史夏（株式会社ロビタ社）
プリンティングディレクション	丹下善尚（図書印刷株式会社）

資材協力

越前屋
https://www.echizen-ya.co.jp/

ホビーラホビーレ
https://www.hobbyra-hobbyre.com/

LINNET リネット
https://www.lin-net.com/